사람을 움직이는 행복경영

사람을 움직이는 행복경영

지은이 ︱ 홍병식

1판 1쇄 발행 ︱ 2006. 5. 8
1판 5쇄 발행 ︱ 2010. 9.18

펴낸곳 ︱ 예지
펴낸이 ︱ 김종욱
책임편집 ︱ 황경주

경기도 고양시 일산동구 장항2동 751번지
전화 ︱ 031-900-8061(마케팅), 8060(편집)
팩스 ︱ 031-900-8062
등록번호 ︱ 제1-2893호 · 등록일자 ︱ 2001. 7. 23

ⓒ 홍병식, 2006
ISBN 978-89-89797-41-8 03320

사람을 움직이는

행복경영

홍병식 지음

예지
Wisdom Fublishing

행복한 경영인이 되자

저는 한국에서 태어나 한국에서 30년을 그리고 미국에서 40여 년을 살았습니다. 미국 생활에 아무런 불편을 느끼지 못하지만, 아직도 된장찌개를 스테이크보다 좋아합니다. 영어를 구사하는 데 불편을 느끼지 않고 팝송도 싫어하지는 않지만, 한국의 가요나 동요를 들으면 마음이 가벼워지고 근심과 걱정이 사라집니다. 미국의 여러 대학에서 20여 년간 강의를 해왔지만, 한국인들 앞에서 경영강의를 할 때처럼 보람을 느낄 때가 없습니다. 미국 주류사회의 방송매체에 출연도 했지만, 한국어 방송국에서 한국어로 방송할 때처럼 책임감을 실감하지 못합니다.

로스앤젤레스의 한국어 방송국인 라디오 서울의 전파를 타고 미국 전역에, 인터넷을 통해 전 세계의 동포들에게 매일 방송하면서 동포들의 사업이 건전하게 성장하고, 회사와 가정에서 행복을 누리도록 도움을 드리기 위하여 나름대로 진력했습니다. 전화나 편지, 이메일로 청취자들의 긍정적인 반응을 접할 때마다 감격을 경험합니다. 제 부주의로 정확하지 못한 언급을 했을 때 잘못을 지적해 주시는 분들에게 무한한 감사를 드립니다.

　제 칼럼이 모든 분들에게 매번 감동과 동감을 자아내지는 못하였겠지만 칼럼을 한번 듣고 잊어버리기가 아쉽다는 말씀을 전해오신 분들이 많았습니다. 그런 분들의 요구에 부응하기 위하여 지금까지 방송한 칼럼의 내용을 정리해 책으로 엮었습니다. 이번이 그 세 번째로 예지 출판사에서 독자들의 마음속에 포근하게 자리 잡을 수 있게 정성껏 편집해 주었습니다.

　매주 5일 방송되고 인터넷에 올려지는 칼럼을 한편도 빼놓지 않고 읽고 이틀이 멀다하게 국제전화로 격려해 주신 주식회사 씨 와이 무텍의 조용이 회장님께 드릴 적절한 감사의 표현을 찾을 수가 없습니다. 방송을 진행하고 야구중계도 하면서 라디오 서울의 방송기술의 책임도 맡고 있는 임종호 씨는 제 칼럼을 방송전파에 올리는 데 수고해 주셨습니다. 한국원자력연구소의 심재선 씨와 최남현 씨는 지금까지 작성된 저의 모든 칼럼을 천 명도 넘는 분들에게 온라인으로 배부해 주셨습니다. 서울에 사시는 곽복주 씨와 대전에 사시는 정상조

박사께서는 본인들의 웹페이지에 칼럼을 올려 많은 분들이 볼 수 있게 해주셨습니다. 미국 주요 도시의 여러 한국어 방송국에서 제 칼럼을 매일 방송해 주셨습니다. 이 모든 분들의 사랑과 배려에 힘을 얻어 저는 지금도 성장하고 있습니다. 특히 하와이의 라디오 서울의 이영호 지사장과 북캘리포니아의 한미 라디오의 김진배 사장에게 깊은 감사를 드립니다.

　가족이 있다고 다 행복하지 못하고 돈을 벌었다고 다 성공의 보람을 느끼지 못합니다. 이 책이 단 한분이라도 '행복한 경영인'이 되는 데에 도움이 된다면 저에게는 무한한 영광일 것입니다.

홍병식

Success
비슷함 속에 독특함을 담는다

life
삶에는 정도가 있다

Management
사람으로 시작해 사람으로 끝난다

Trend
현재의 황당한 상상에 미래의 열쇠가 있다

Success

비슷함 속에 독특함을 담는다

코스트코의 저비용 전략

코스트코^{Costco}는 세계적인 대형 할인소매 체인입니다. 월마트^{Walmart}보다 물건값이 비싸지만 시장점유율은 높습니다. 코스트코는 할인매장이라고 해서 저질 상품을 팔지 않습니다. 대형 할인점 치고는 고급스러운 상품을 취급하고 있습니다.

코스트코는 20년 전에 설립된 회사로 급속도로 성장하고 있으며 창립자 중 한 사람인 제임스 시니걸^{James Sinegal}은 지금도 코스트코를 진두지휘하고 있습니다. 코스트로에는 회장실이나 사장실이 없습니다. 넓게 열린 공간에 칸막이도 없습니다. 시니걸이 사용하는 집기는 다 20년 이상 된 고물이며 간부용 화장실이나 식당도 따로 없습니다. 전화를 받는 비서도 없습니다. 걸려오는 모든 전화는 시니걸이 직접 받습니다. 시니걸은 이렇게 말합니다.

"우리 회사는 저비용 회사입니다. 우리는 고급 물건을 사용하면서 저가격 회사를 자처한다면 위선이 아니겠습니까?"

창립 당시부터 변하지 않는 전략이 바로 이 저비용 전략입니다. 이 전략에 따라 코스트코는 고급 집기, 영업사원, 배달 업무, 과다한 재고 등을 없애는 데 총력을 기울였습니다. 그리고 그렇게 절약된 비용을 판매가에 반영해 왔습니다. 시니걸은 받아오는 상품은 12%,

자사 상품은 14%를 초과하지 않는 마진으로 판매한다는 정책을 철저히 지키고 있습니다.

몇년 전에 캘빈 클라인이 한시적으로 청바지를 7달러 싸게 공급해 주겠다는 제안을 해왔습니다. 종전처럼 청바지를 개당 29.99달러를 받고 마진을 늘릴 수도 있었겠지만 시니걸은 그 공급조건을 그대로 가격에 반영하여 개당 22.99달러에 판매했습니다.

시니걸은 소비자들을 조금이라도 속이는 듯한 행동은 절대로 하지 않는다고 코스트코의 부사장은 말합니다. 시니걸은 임금을 주는 데 있어서도 인색하지 않고, 일자리가 아쉬운 사람들을 부당하게 이용하지도 않습니다.

이런 정신과 정책 덕분에 점포 수는 경쟁사들에 비하여 적지만 이익은 그들을 크게 앞지르고 있습니다. 예를 들면 코스트코는 월마트에 비해 상점당 판매고를 배 이상 올리고 있습니다. 규모가 크다고 꼭 좋은 기업은 아닙니다.

정직과 고객 위주의 사업정신을 갖고 위로부터 가격을 절약하여 한 푼이라도 적게 받고 좋은 상품을 팔면 고객들이 알아서 회사를 키워줍니다. 그리고 어느 기업이든 CEO의 인격은 그 기업의 문화에 중요한 영향을 미칩니다. CEO가 정직을 실천할 때만 기업도 정직해질 것입니다.

건강한 삶을 팝니다

1980년 텍사스^{Texas} 주 오스틴^{Austin}에서 세 사람이 공동 창업한 호울푸드마켓^{Whole Food Market}은 놀라운 성장을 하고 있습니다. 존 맥케이^{John Mackey} 외 2명이 창업한 이 건강식품점은 2005년 현재 미국 내 28개 주와 워싱턴 디씨 및 캐나다와 영국에 157개의 점포를 두고 있으며, 연간 매출 40억 달러를 기록하고 있습니다.

이들 창업자들은 현대인들이 무공해 유기농 식품을 선호하며 식품의 가격에 그다지 신경 쓰지 않는다는 점에 착안해 호울푸드마켓을 설립했습니다. 호울푸드마켓의 캐치프레이즈는 "Whole Food, Whole People, Whole Planet" 즉 "완전한 식품, 완전한 인간, 완전한 지구"입니다. 당연히 여기서 취급하는 모든 식품은 농약을 사용하지 않고 유기농법으로 재배한 것입니다. 이 때문에 다른 식품점에 비하여 비싼 가격에도 불구하고 장사가 잘되어 식료품 업계에서 이익을 가장 많이 내는 업체가 되었습니다.

호울푸드마켓은 중류층 이상의 동네에만 점포를 설치하고 무공해 식품을 철저하게 관리하고 조달한다는 신뢰를 심은 덕에 소비자들은 안심하고 식품을 사게 됩니다.

호울푸드마켓은 다음과 같은 독특한 경영방식으로 유명합니다.

- 모든 결정은 24명으로 구성된 팀의 투표로 이루어지며 2/3 이상 찬성해야 통과된다.
- 팀의 성과에 따라 보너스를 지급한다.
- 간부들을 포함한 모든 직원들의 봉급을 공개한다.
- 직원들의 채용이나 해임도 팀의 2/3 가결로 한다.
- 권한을 내려주어 말단 팀원들도 결정권을 갖는다.

  이런 경영방식 때문에 직원 한 사람 충원하는 것도 신중하게 검토됩니다. 생산성이 낮은 팀원이 들어오면 팀의 수입이 줄어들기 때문입니다. 새로운 팀원을 뽑을 때도 팀의 2/3 가결원칙이 적용됩니다. 새로 입사한 직원은 4주 후에 다시 투표에 부쳐져 정규직원이 되거나 해임됩니다. 이런 제도하에서는 당연히 내부인들이 승진을 하게 되니 외부에서 간부를 영입하는 예가 없습니다. 팀원들이 거의 모든 결정권을 행사하기 때문에 직원들의 회사에 대한 충성심이 높고 협동심이 강합니다. 〈포춘〉(Fortune)은 호올푸드마켓을 2005년 미국에서 일하기 가장 좋은 100대 회사로 선정을 했습니다.

  호올푸드마켓은 이익의 5% 이상을 자선기관에 기부합니다. 직원들도 자원해서 사회의 여러 봉사단체에서 일을 할 수 있게 되어 있습니다. 호올푸드마켓이야말로 경쟁이 없는 블루오션 마케팅을 하고 있는 업체라고 하겠습니다.

  직원들의 성과급은 연말까지 가지 않고 매 2주마다 지급됩니다.

즉 일을 잘한 데 대한 보상이 즉각 주어지는 것입니다. 각 점포는 해산물 팀, 조리된 음식 팀, 금전출납 팀 등 8개 팀으로 나뉘어져 있는데, 각 팀의 이익기여도를 정확하게 측정할 수 있도록 회계체계가 잘 갖추어져 있습니다.

호울푸드마켓의 사업철학은 "우리는 식품을 팔지 않고 건강한 삶을 판다" 입니다. 즉 현대인들의 건강을 증진하고 환경을 보호하며 공해를 철저히 방지하고 무공해 식생활을 적극 증진한다는 철학을 직원들이 굳게 믿고 있는 것입니다.

Gap의 친사회적 이미지 전략

1969년에 도널드^{Donald Fisher}와 도리스 피셔^{Doris Fisher} 부부는 샌프란시스코^{San Francisco}의 오션 애비뉴^{Ocean Avenue}에 조그만 가게를 열고 청바지와 음반을 팔기 시작했습니다. 7년 후인 1976년 그 가게는 주식시장에 상장되었습니다. 그 가게가 바로 오늘날의 갭^{Gap}입니다.

도널드 피셔는 2004년 5월까지 갭의 회장이었지만 갭의 성장을 가속한 것은 1980년에 도널드 피셔가 CEO로 채용한 밀러드 드렉슬러^{Millard Drexler}가 비상한 경영능력을 발휘한 덕분입니다. 드렉슬러는 바나나 리퍼블릭^{Banana Republic}을 인수 · 합병함과 동시에 해외 진출을 시작했습니다. 그가 CEO로 재직했던 지난 19년 동안 갭은 갭키즈^{GapKids}, 베이비갭^{BabyGap}, 갭바디^{GapBody}, 갭아웃렛^{Gap Outlet}, 올드네이비^{Old Navy} 및 포스 앤 타운^{Fourth & Towne} 같은 브랜드를 둔 대기업으로 성장했습니다.

오늘날 갭은 미국을 비롯하여 캐나다, 영국, 독일 및 일본에 총 3천 개의 점포를 두고 있으며 16만 5천 명의 직원을 고용하고 연간 163억 달러의 매출을 기록하고 있습니다. 도대체 어떤 철학을 갖고 경영했기에 이런 급성장을 이루게 되었을까요?

갭은 고객제일주의의 기업문화와 명성을 수립하는 데 성공했습니다. 직원들은 교육을 통해 고객으로 시작하여 고객으로 끝나는 철저한 고객 중심의 태도를 지니게 됩니다. 고객을 위한 절대적인 헌신의 증거는 갭의 실천정책을 보면 알 수가 있습니다. "매장에 고객이 찾아오면 문에서부터 영접하고 인사하며 진심으로 환영받고 있음을 체험하게 하라."

모든 점포의 매니저는 항상 매장에서 일해야 하며 보수와 승진은 고객관리 실적으로 결정됩니다. 이 때문에 점포 매니저들 간 승진 경쟁은 치열합니다. 전 세계적으로 어느 점포로 발령을 받든 기꺼이 전근해 가는 직원이 제일 빨리 승진합니다.

전 세계에 걸쳐 하청을 주고 있는 갭은 하청업자들에게 철저한 행동강령을 시달하여 준수하도록 합니다. 자국의 법과 규칙을 철저히 지킬 것, 감옥에 갇혀 있는 죄수들의 노동력을 착취하지 말 것, 자국이 법으로 정한 근로자의 연령제한을 준수할 것, 갭이 수시로 예고 없이 시설을 검열할 수 있도록 할 것 등을 골자로 하는 행동강령을 지킬 것을 약속받습니다. 무조건 값이 싸다고 하청을 주지 않습니다.

이외에도 갭은 사회에 봉사하는 기업으로서의 이미지를 튼튼하게 세웠습니다. 자연재해가 있을 때마다 신속하게 구호금을 전달해 왔습니다. 직원들이 사회봉사에 적극적으로 참여케 하려는 뜻에서 2005년 9월 9일에 자원봉사상을 제정하기도 했습니다. 이 상은 매년 수여되는데, 첫 수상자는 노스 다코타 주에서 암환자들을 돕는 자원봉사를 한 새라 하이트캠프라는 점포 매니저에게 돌아갔습니다. 상금으로 5만 달러와 80시간의 유급휴가가 주어졌습니다. 2위 수상자는 샌디에이고에서 부매니저로 근무하는 샐 애퀼라에게 돌아갔는데, 가난한 아이들을 가르치는 자원봉사를 한 공을 인정받은 것입니다. 2만 달러의 상금과 80시간의 유급휴가가 주어졌습니다.

이런 노력이 있었기에 갭은 전 세계에 친사회적 이미지와 명성을 구축하고 있는 것입니다.

승객을 웃기는 항공사들

저는 한국을 위시하여 아시아로 여행을 갈 때는 항상 한국 항공기를 이용합니다. 항공료가 타국적 항공사에 비해 좀 비싸더라도 말입니다. 비행기도 깨끗하고 승무원들도 상냥하며 기내 음식도 좋습니다. 그러나 한 가지 불만이 있습니다. 유머가 없다는 점입니다. 긴 여행을 하는 동안 많은 안내방송을 듣게 되는데 어쩌면 그렇게도 판에 박힌 어조로 방송하는지 이해하기 어렵습니다. 미국 내를 여행하면서 미국이나 캐나다 국적의 항공기를 타면 안내 방송 자체가 재미있습니다.

사우스웨스트 항공^{Southwest Airlines}의 창립자이자 전 회장이었던 허브 캘러허^{Herb Kelleher}는 휴스턴과 샌디에이고를 운항하는 자사 비행기 외부에 샌디에이고의 명물이자 세계 최대의 수족관인 씨월드^{Sea World}의 유명한 고래 그림을 그려놓고 자기는 광대 의상을 입고 승객을 웃기면서 샌디에이고까지 안내한 적이 있습니다.

캐나다 서부를 운항하는 웨스트젯^{Westjet}에는 나이가 지긋한 승무원들이 많습니다. 비행기가 이륙하고 몇 분이 지난 후에 기장의 목소리가 스피커를 통해 들려왔습니다.

"신사 숙녀 여러분, 이 비행기는 항해고도에 이르렀습니다. 이제 기내를 약간 어둡게 하겠습니다. 승무원들이 좀더 고와 보이게 하기 위해서입니다."

비행기가 목적지에 착륙하자 이번에는 여승무원의 목소리가 들려왔습니다.

"승객 여러분, 애인 곁을 떠나는 길엔 50가지가 있습니다. 그러나 이 비행기를 떠나는 길은 네 가지밖에 없습니다. 내리실 때는 잊으신 물건이 없도록 유의하시기 바랍니다. 만일 물건을 놓고 내리시려면 저희들이 갖고 싶어하는 물건만 놓고 내리십시오."

사우스웨스트의 한 항공기가 이륙을 준비하고 있었습니다. 스피커를 통해서 승무원이 방송을 했습니다.

"이제 이 비행기는 곧 이륙을 하겠습니다. 좌석벨트를 모두 매주십시오. 좌석벨트는 이와 같이 한쪽 끝을 다른 쪽 끝에 끼워 넣으면 됩니다. 좌석벨트를 고정할 줄 모르는 분이 계신다면 당신은 보호자 없이 밖으로 나오면 안 될 분입니다. 기내 압력이 갑자기 내려가면 마스크가 자동으로 떨어집니다. 본인이 먼저 마스크를 착용하십시오. 한 사람 이상의 어린아이와 동행하신 분은 그 다음으로 제일 좋아하는 아이에게 먼저 마스크를 착용시키십시오."

그 다음에는 기장의 목소리가 들려왔습니다.

"사우스웨스트 항공을 이용해 주셔서 감사합니다. 당신의 돈과 사랑을 사우스웨스트 항공보다 더 좋아하는 회사는 없습니다."

또 어떤 비행기의 승무원은 착륙 후에 다음과 같이 안내했습니다.

"내리실 때 잊은 물건이 없는지 확인해 주시기 바랍니다. 놓고 가시는 물건은 우리 승무원들이 나눠 갖겠습니다. 그러나 배우자와 어린이는 제발 놓고 내리지 마십시오."

델타 항공^{Delta Air Lines}의 한 승무원이 승객을 환영한다는 인사를 했습니다.

"델타 항공에는 세계에서 가장 멋진 승무원들이 있습니다. 불행하게도 그들은 이번 비행기에는 타지 않았습니다."

항공기뿐만 아니라 직장에도 이런 유머가 흐르면 일할 맛이 더 날 것이라고 생각하지 않습니까?

폐업 직전에서 최고의 식당으로

미국의 어떤 도시에 한식당이 둘 있었습니다. 경쟁하는 두 식당은 승자와 패자로 나뉘게 마련입니다. 그래서 그중 한 식당은 존폐의 기로에 처했습니다. 장사가 잘되지 않았기 때문이었습니다. 그 식당을 한 유학생 부부가 용감하게 인수했습니다. 그런데 인수한 지 한 달 만에 고객 수가 급증했고 더 잘되던 다른 식당이 이제 존폐를 걱정하게 되었습니다.

식당 경영자를 포함해서 각종 업계의 경영자들에게 강의하는 저는 그 식당에 가보았습니다. 한 달도 되지 않아서 그렇게 바뀐 이유를 알아보기 위해서였습니다. 식당의 주인이자 주방장이기도 한 유학생의 아내와 간단한 인터뷰를 했습니다. 인터뷰라기보다 주인이 자신의 식당 경영기법을 설명해 주는 것이었습니다.

첫째, 이 여주인은 음식은 신선하고 깨끗하며 맛이 있어야 한다고 믿고 있었습니다. 어머니가 식당을 운영하셨기 때문에 어머니로부터 배운 음식 솜씨를 발휘할 수 있다는 기쁨이 대단히 컸습니다. 그래서 매일 아침 식당에 나오는 일이 신난다고 했습니다. 식당에 도착하면 지난밤에 청소를 했어도 또다시 청결 상태를 점검하여 보충청소를 합니다. 그런 다음 종업원들과 함께 고객서비스를 잘하는 방법을 담은 CD를 듣습니다. 30분 정도 그런 교육 CD를 듣고 나서 종업원들과 오늘 하루 명심할 점들을 토의합니다. 그런 후에 음식 재료를 준비합니다. 누가 맛보아도 만족할 음식을 제공할 준비를 갖추는 것입니다.

둘째, 여주인은 주방장을 맡고 있는데 직접 식탁을 돌면서 고객 한사람 한사람에게 친절하게 인사합니다. 그녀는 상냥하고 반가운 어조로 고객들에게 자기가 주방장이라고 인사하면서 반찬 중에서 어느 것이 제일 좋았냐고 물어봅니다. 미국인들은 대개 오이무침을 제일 좋아한다고 합니다. 그러면 즉시로 그 반찬을 작은 상자에 넣어서 손님에게 줍니다. 손님이 반찬값을 주겠다고 해도 거절합니다. 고마워하는 손님은 팁을 더욱 두둑하게 놓고 갑니다. 팁이 많이 생기니 종업원들도 일하는 것이 신납니다. 그러니 손님에게 더욱 친절하게 됩니다. 손님들은 음식 맛과 친절한 서비스에 크게 만족하고 친구들을 데리고 또 이곳을 찾아옵니다. 어떤 손님들은 인사하는 주방장에게 박수를 보내기도 합니다.

셋째, 여주인은 찾아오는 손님들의 성명과 전화번호와 이메일 주소 등을 되도록 많이 수집하고 있습니다. 이 자료를 전산화해서 앞으로는 찾아온 모든 손님들에게 감사편지를 보낼 작정이라고 합니다. 또 매일 십여 명의 고객을 선택하여 전화, 편지 또는 이메일로 연락할 예정이라고 했습니다. 맛있게 식사를 한 식당의 주인으로부터 감사의 편지를 받고 또다시 찾고 싶은 마음이 들지 않을 손님은 없을 것입니다.

넷째, 사실상 무자본으로 시작한 식당이므로 어느 정도 운영자금을 모으면 간판을 좀더 크고 멋있게 개조하겠다고 했습니다. 간판뿐만 아니라 주방장이나 종업원의 유니폼을 지금보다 훨씬 고상한 것으로 바꾸려고 이미 새 유니폼을 주문했다고 했습니다.

그녀의 경영은 기법이라기보다 태도였습니다. 그런 식당을 운영하는 것이 신난다고 말하는 그녀는 자나 깨나 손님들을 기쁘게 하고 만족스럽게 할 궁리를 하게 된다고 했습니다. 이 식당의 여주인처럼 어떤 사업을 하든 즐겁고 신나게 일하면서 찾아오는 모든 손님을 기쁘고 반갑게 맞아 성심성의껏 서비스를 하면 성공하지 않을 사업은 없을 것입니다.

스타벅스 성공의 핵심, 감정 마케팅

시애틀^{Seattle}의 한 부두 근처에는 크지도 작지도 않은 벽돌건물이 있습니다. 그 건물은 스타벅스^{Starbucks} 1호점이라고 해서 지금은 관광명소가 되었습니다. 스타벅스는 세계에서 가장 빨리 성장하고 있는 프랜차이즈 기업입니다. 2005년 현재 전 세계에 7천5백 개의 점포가 있으며 매주 스타벅스를 찾는 고객의 수는 2천5백만 명에 이릅니다. 스타벅스는 허먼 멜빌^{Herman Melville, 1819~91}의 작품 『모비딕』(*Moby Dick*)에 등장하는 인물의 이름입니다. 고래잡이선에서 집으로 돌아가기를 갈망하는 인물이 바로 스타벅스였습니다.

그래서 스타벅스는 포근한 거실을 연상시킵니다. 스타벅스는 커피를 선전하지 않습니다. 그들의 캐치프레이즈는 "제3의 가정"입니다. 즉 모든 사람에게 제1의 가정은 자기 집이요 제2의 가정은 직장이요 제3의 가정은 스타벅스라는 이미지를 강조합니다. 그래서 스타벅스에서는 노트북을 가지고 와서 시간제한 없이 사용하면서 일을 볼 수도 있고 귀한 손님을 접대할 수도 있습니다. 스타벅스는 고객들과 감정을 연결하는 데 성공한 기업입니다.

처음 사업을 시작했을 때에는 커피만 파는 가게였습니다. 그러나 1982년 하워드 슐츠^{Howard Schultz} 회장이 입사한 후에 스타벅스는 세계적으로 확장해 나가기 시작합니다. 그는 이탈리아에 여행갔을 때 이 탈리아인들이 에스프레소 커피에 보이는 애정이 남다름을 눈여겨보고 거기서 아이디어를 얻었습니다. 그때부터 스타벅스는 에스프레소 커피를 주메뉴로 삼습니다. 물론 커피를 마시지 않는 고객들을 위해 카페인이 전혀 들어 있지 않은 음료도 여러 가지 두었습니다. 현 CEO인 오린 스미스^{Orin Smith}는 스타벅스의 세계적 성공 요인으로 다음과 같은 스타벅스 자세를 들었습니다.

1. 영어권 국가라도 미국과 같다고 생각하지 않는다.
2. 빨리 성장하기 위해 현지인들과 합작소유를 한다.
3. 점포를 신설하는 것도 중요하지만, 기존의 점포를 잘 경영하는 것이 더 중요하다.
4. 소재 국가의 국민을 직원과 매니저로 채용한다.
5. 지역의 문화와 취향에 적응한다.

스타벅스의 이벤트 중 흥미로웠던 것은 고객에게 즐거운 화제가 될 수도 있을 "내 의견은"(The way I see it)으로 시작되는 문구를 컵에 인쇄한 것입니다. 저명한 인사들의 명구를 커피잔에 인쇄하고, 각 인용문과 그 출처에 고유번호를 붙였습니다. 인쇄된 문구는 스타벅스 의견이 아니며 단순히 인용만 한다는 설명을 붙여 혹시 있을 법적인 책임을 면하고 있습니다. 그렇게 컵에 적힌 의견은 하나하나가 수집하고 싶을 정도로 좋은 문구들이었습니다.

　또 한 가지 스타벅스가 잘하그 있는 점이 있습니다. 스타벅스는 판매하는 모든 음료나 음식의 영양분석자료를 제공하고 있습니다. 또 매장을 무선 인터넷 접속이 가능하도록 설비하고 있습니다. 그객이 자기가 가져온 노트북이나 PDA로 무선 인터넷에 연결하여 이메일을 점검할 수도 있고 정보검색도 할 수 있도록 말입니다.

　스타벅스에서는 자기 집 거실에서처럼 쉴 수도 있고 일할 수도 있으며 차분히 대화를 나누거나 자기가 좋아하는 음악을 들으면서 인터넷을 사용할 수도 있으니 그들이 광고하듯 모든 사람에게 제3의 가정이라고 해도 손색이 없는 것 같습니다.

월마트와 달러 제너럴의 가격정책

월마트를 찾아가보면 1.99달러 또는 9.99달러 같은 가격이 거의 없습니다. 99센트가 풍기는 속임수의 느낌을 업체의 이미지에서 없애겠다는 의도에서 나온 가격정책입니다. 어쩐지 99센트를 없앤 가격표를 보면 정직한 가격으로 상품을 판다는 느낌을 갖게 됩니다.

이렇게 가격정책으로 커다란 성공을 거둔 대형 소매점 중에 달러 제너럴Dollar General이라는 식품 체인점의 이야기를 빼놓을 수 없습니다. 달러 제너럴의 경영방침은 대도시를 피하고 중소도시를 겨냥하여 중소도시에 사는 소비자들도 대도시의 소비자들과 비슷한 가격혜택을 누릴 수 있게 해주자는 것입니다. 달러 제너럴의 눈에 띄는 차별화 정책은 모든 가격을 달러로만 표시한다는 점입니다. 예를 들면 1달러를 약간 넘거나 약간 못 미치는 가격은 1달러로 표시하는 것입니다. 그래서 달러 제너럴에서는 동전이 필요하지 않습니다. 그들의 정책은 적중했습니다. 현재 29개 주에 7천 개의 점포와 5만 5천 명의 직원을 두고 67억 달러에 이르는 연간 매출을 기록하고 있는 달러 제너럴은 미국 내에서 가장 빨리 성장하는 체인점 중의 하나입니다.

경영체제를 바꿔보세요

사업이 잘 안됩니까? 주문이 감소했습니까? 직원들의 사기가 저하되었습니까? 생산성이 저조합니까? 반품이 많아졌습니까? 그렇다면 경영체제를 바꿔보십시오.

테네시^{Tennessee} 주의 험볼트^{Humboldt} 시에는 윌슨 운동상품회사^{Wilson} $^{Sporting\ Goods}$의 공장이 있습니다. 윌슨 사는 풋볼, 축구공, 배구공, 야구공, 테니스 라켓, 배드민턴 라켓 등 운동경기에 사용되는 각종 기구와 운동복을 제조하여 판매하는 회사입니다. 험볼트 공장에서는 골프공을 제조합니다.

윌슨 회사의 여러 공장 중에서도 험볼트 공장은 가장 능률이 낮은 공장이었습니다. 매년 적자운영을 벗어나지 못했고 생산성과 품질은 항상 바닥을 쳤습니다. 직원들의 사기는 저하되어 있었고 작업장의 안전도도 문제투성이였습니다. 앨 스콧$^{Al\ Scott}$이라는 험볼트 공장장은 뭔가가 극단적으로 변해야 한다는 결단을 내리게 되었습니다. 그가 제일 먼저 한 일은 새로운 공장신조를 만드는 것이었습니다.

"우리의 사명은 골프공을 가장 잘 제조하는 공장으로 인정받는 일이다."

그 다음 다섯 개의 목표를 직원들의 마음에 주입시켰습니다. 직원개입, 총체적인 품질경영, 지속적인 개선, 생산단가의 절감, 적시 제조. 이를 실현하기 위해 그는 독재적 경영방식을 직원개입 방식으로 전환했습니다. 직원이라 부르지 않고 동료라고 불렀습니다. 낡은 문제에 대해 새로운 해법을 찾도록 권한을 위임했습니다. 중요 사안에 직원들이 개입할 수 있도록 직원들과 임원들을 교육했습니다. 또 과업별로 팀을 조직하여 팀워크를 조장했고 교육과 친목행사를 자주 실시했습니다. 잘나가는 팀에게는 큰 포상을 했습니다.

이런 노력의 결과는 대단했습니다. 1~2년 사이에 66개의 품질개량 자원조직이 생겼습니다. 골프공의 시장 점유율이 2%에서 17%로 증가했습니다. 재고회전율은 6.5에서 8.5로 증가했습니다. 불량품은 67%나 감소했고 생산성은 121% 증가했습니다. 험볼트 공장은 연간 10억 개의 골프공을 제조하게 되었고 생산량은 지금도 계속 증가하고 있습니다. 드디어 〈인더스트리 위크〉(Industry Week)로부터 최우수 공장으로 지정되기에 이르렀습니다. 물론 공장 운영은 적자로부터 건강한 흑자로 변했습니다.

험볼트 공장의 변신은 직원들의 태도가 변했기 때문에 가능했습니다. 그런 태도의 변화는 저절로, 동시 다발적으로 이뤄지지 않습니다. 스콧 공장장처럼 누군가가 변혁을 시작해야 합니다. 회사의 운명이 직원들의 운명이라는 공동체 의식이 자리를 잡아야 합니다. "봉급을 받고 일하는 회사"라는 의식으로부터 "내 회사"라는 주인의식으로 변해야 합니다.

그러기 위해서는 공로에 대한 인정과 적절한 포상이 수반되어야 합니다. 재정과 각종 운영실적을 분석하고 통계를 내서 쉬지 않고 실적을 측정하는 체제를 구축해야 합니다. 그리고 직원들에게 알기 쉬운 통계적 품질관리 기법을 교육해야 합니다. 직원들이 생산비용을 절약하는 아이디어나 품질을 향상할 아이디어가 있으면 즉시 제안하도록 제도와 분위기를 만들어야 합니다. 이런 노력을 경주하면 월슨의 험볼트 공장과 같이 성장으로 전환할 수 있을 것입니다.

유능한 경영인에게는 상황만 있을 뿐

　유능한 경영인에게는 나쁜 소식도 좋은 소식도 없습니다. 상황만 있을 뿐입니다. 유능한 경영인에게는 위기도 없습니다. 준비된 경영인은 항상 장ㆍ단기적 목표를 향해 상황을 분석하여 최선의 결과를 얻어낼 준비가 되어 있습니다.

　제 친구 중에 건축자재업을 크게 하는 사업가가 있습니다. 그는 캘리포니아에 본부를 두고 미국 전역과 멕시코에 건축자재를 공급합니다. 미국 동남부가 허리케인 카트리나로 경악스러운 피해를 입었을 때의 일입니다. 난민들은 캘리포니아를 포함해서 여러 주로 흩어졌습니다. 매일 보도되는 소식은 고통받고 있는 이재민과 고위층 지도자들이 서로의 잘못을 지적하는 것이었습니다.

　이 친구는 허리케인이 동남부를 폐허로 만들다시피 했다는 보도를 접하고 즉시 연방긴급재해대책국FEMA에 등록했습니다. 즉 피해지역에서 재건축 사업이 시작될 때 건축자재가 다량으로 필요할 것을 예측하고 소수인종 공급자로 재빨리 등록한 것입니다.

　얼마 전에 그 친구는 저에게 희소식을 하나 전해주었습니다. 허리케인 덕분에 2년 판매할 재고를 한달 안에 모두 판매했다는 것이었습니다. 자연재해는 수많은 사람들에게 피해를 입혔지만, 그 친구에게는 대박을 터뜨려준 셈입니다. 남이 고통받는 상황에서 이득을 본다는 것이 불편할 수 있지만 다 얼굴을 찌푸리고만 있을 필요는 없는 것 아니겠습니까?

새옹지마塞翁之馬라는 고사성어가 있습니다. 지금 불행으로 보이는 일도 축복이 될 수 있다는 뜻이지요. 저는 최근에 새옹지마 같은 이야기를 하나 들었습니다.

여러 점포를 소유하고 있는 회사에서 동업자들이 합의하에 각 점포를 나누어 소유하기로 결정했습니다. 그러자 동업자들끼리 장사가 제일 잘되는 점포를 소유하려고 경쟁이 붙었습니다. 그중 한 분은 여러 점포 중에서 장사가 제일 안 되는 점포를 갖겠다고 제안했습니다. 다들 갖지 않으려는 점포였기 때문에 그의 제안은 쉽게 수락되었습니다. 그런데 이전에 그렇게 장사가 잘되었던 점포는 최근에 문을 닫게 되었고 가장 장사가 안 되던 그 점포는 지금 성업 중이라고 합니다. 만일에 그가 다른 경쟁자들과 같이 제일 선호하는 점포를 소유하려고 노력했더라면 적지 않은 손해를 입었을 것입니다.

피터 드러커의 혜안

경영학계의 거성인 피터 드러커[Peter F. Drucker, 1909~2005] 교수가 96세를 일기로 2005년 11월 10일에 타계했습니다. 에드워드 데밍[Edward Demming, 1900~93] 박사와 드러커 교수는 현대의 경영 쇄신에 가장 큰 공헌을 한 거성이었습니다.

데밍 박사가 품질관리에 혁신을 가져왔다면 드러커 교수는 경영의 초점을 과업으로부터 사람에게로 전환하여 경영혁신을 가져왔습니다. 드러커 교수가 인간경영의 중요성을 강조하기 전에는 인간은 과업을 위한 도구에 지나지 않았습니다. 그런 경영철학 밑에서는 인간은 과업 달성을 위해 희생되기 십상입니다.

드러커 교수는 출생지인 오스트리아에서 법학 박사를 받았지만 일생 동안 박사라는 칭호를 좋아하지 않았습니다. 그는 학문적으로 경영학을 연구한 것이 아니고 산업현장에서 기업현황을 관찰하며 경영학의 기본을 구축했습니다. 그는 GM을 2년 동안 직접 현장에서 체험하고 관찰하여 그 결과를 책으로 출간한 것을 포함해서 약 40권의 경영서를 저술했습니다. 드러커 교수가 많은 저서들을 통해 공통적으로 강조하는 주제는 4가지입니다.

1. 사람에 초점을 맞추라.

지금은 이런 주장이 별것 아닌 것처럼 느껴지지만 불과 3, 40년 전만 하더라도 직원은 나사나 부품처럼 상사의 마음대로 갈아 치워졌고 그런 처사가 당연한 것으로 여겨졌습니다. 그러나 드러커 교수가 인간 중심의 경영을 강조하여 그런 철학이 점차 기업 전반에 확산되면서 이제는 인간 중심의 경영이 적어도 선진국에서는 자리를 잡았습니다. 과업 중심의 경영은 단기적인 면에서 좋은 성과를 기대할 수 있지만 지속적이고 장기적인 향상을 보장하지 못한다는 그의 지론은 큰 호응을 얻었습니다. 대량생산업계도 컨베이어 벨트로부터 서서히 하이브리드 조립으로 변천을 겪었고, 그로 인하여 근로자들의 자긍심도 생산성도 향상됐습니다.

2. 합의를 통해 결정한다.

드러커 교수는 경영 전선에서 상부의 소수가 임의로 결정을 내리는 전통에 관련 인원 전원이 합의로 내리는 합의결정의 장점을 도입했습니다. 합의결정은 만장일치와 다릅니다. 가족끼리 영화를 보려할 때에도 만장일치에 도달하기는 어렵습니다. 하물며 직장에서 만장일치를 기대하기는 무리입니다. 드러커 교수의 합의결정이란 모두가 다 동의하지 않더라도 "그 정도면 내가 반대는 하지 않겠다" 정도의 동의를 얻어서 결정을 내리는 방법을 말합니다. 이런 합의로 결정을 내리고 실천하면 모든 관련자들이 참여한 결정이기 때문에 참여도도 높고 성과도 좋다는 그의 지론은 산업현장에서 증명되었습니다.

3. 애국심만으로는 좋은 나라를 건설할 수 없다

많은 학자들과 정치인들이 애국심을 강조하며, 좋은 나라를 만드는 데 만능으로 간주해 왔지만 드러커 교수는 애국심에 내재된 약점을 지적했습니다. 지금 전 세계를 위협하고 있는 테러행위도 애국심이라는 이름으로 자행되고 있습니다. 여러 나라에서 보수 인사들과 진보 인사들이 스스로 믿고 있는 애국심에 근거를 두고 서로 싸우고 있습니다. 애국심이라는 미명 아래 수많은 살상이 자행되었습니다. 드러커 교수는 "나라가 잘되려면 애국심만으로는 안 된다. 국민 각자의 공민성이 애국심과 함께 자리를 잡아야 좋은 나라를 만들 수 있다"고 주장했습니다. 이웃과 사회에 해를 가져오는 행동은 삼가고 서로를 위하는 공민성이 없이 애국심만으로는 질서도 번영도 기대할 수 없다는 그의 지론은 정확했습니다.

4. 도구를 만드는 사람보다 잘 사용하는 자가 영광과 혜택을 누린다

드러커 교수는 인쇄기술과 인쇄기술자가 한때는 각광을 받았지만 결국은 출판사가 영광과 혜택을 누렸다고 하면서 컴퓨터도 마찬가지라고 했습니다. 즉 컴퓨터 제조자보다 컴퓨터를 이용하는 자가 영광과 혜택을 누린다는 것입니다. 드러커 교수의 이러한 주장은 이미 우리 눈앞에서 현실이 되어 있습니다. 수많은 컴퓨터 제조업자들이 사라졌지만 컴퓨터를 이용한 네트워크나 시스템업자들은 융성하고 있습니다.

　현실과 앞을 보는 드러커 교수의 예리한 통찰력을 학계와 업계에서는 아쉬워할 것입니다.

구글의 대박을 놓친 사람들

래리 페이지[Larry Page]와 세르게이 브린[Sergey Brin]은 젊은 거부입니다. 이들은 1995년에 각각 24, 23세의 대학원생으로서 스탠포드 대학교[Stanford University] 대학원에서 전산과학 박사 학위 과정에 있었습니다. 둘은 공부하는 동안 많은 정보를 온라인으로 찾을 수 있게 하자는 아이디어를 내게 되었습니다. 당시 검색엔진은 지나치게 분류 과정이 많았고 제한도 많았습니다. 둘은 검색엔진 회사들이 자기들의 아이디어를 채택해 줄지 타진해 보았습니다. 그러나 모든 회사가 그들의 아이디어가 별로 장래성이 없다고 하면서 거절했습니다. 둘은 창업을 해서 아이디어를 실현해 보려고 투자가를 구하려 했으나 관심을 보이는 이가 없었습니다.

페이지는 미시건 대학교[University of Michigan] 컴퓨터과학 교수의 아들로 가진 돈이 없었습니다. 세르게이도 6살 때 러시아에서 이민 온 가정 출신으로 역시 돈이 없었습니다. 두 사람은 세르게이네 집 차고에서 자기들의 아이디어를 개발하고 발전시켰습니다. 그러던 중 썬 마이크로시스템즈[Sun Microsystems]의 창업주 중 한 사람이었던 앤디 벡톨샤임[Andy Bechtolsheim]이 두 사람의 아이디어가 유망하다고 판단하여 10만 달러를 투자했습니다.

둘은 10만 달러의 수표를 받고 은행에 갔지만 회사가 없었기 때문에 예금하지도 못했습니다. 그들은 부랴부랴 회사를 등록하여 그 돈을 예금했고 주변 사람들과 친지들을 설득하여 100만 달러의 자금을 더 모았습니다. 그 자금으로 구글^{Google}이라는 회사명으로 정식 사업을 시작했습니다. 그때가 1998년이었습니다. 창업하던 해에 하루 구글의 방문자 수가 50만에 이르자 벤처 투자가들이 관심을 보였습니다. 그 후로 그들은 비교적 쉽게 2천5백만 달러의 거액을 투자받을 수 있었습니다.

구글은 2004년 2월에 상장했습니다. 상장 당시의 주가는 85달러였는데 지금 이 원고를 쓰고 있는 현재(2005년)는 410달러에 이르고 있습니다. 금년 내로 주당 500달러에 이르게 될 것이라는 전망을 내놓는 투자 전문가들도 있습니다. 현재 구글은 100개 이상의 언어를 지원하며 하루 방문자 수가 1억 명을 넘고 있습니다. 이런 대단한 수요에 힘입어서 상장 후 첫 4분기 동안에 8억 6백만 달러의 매출을 기록했습니다. 초기 구글에 투자한 사람들은 대박을 본 셈입니다.

승자는 결코 속임수를 쓰지 않는다

저는 『승자는 결코 속임수를 쓰지 않는다』(*Winners Never Cheat*)는 책을 읽고 큰 감명을 받았습니다. 저자는 존 헌츠먼[John Huntsman]인데 그는 미국 굴지의 대기업 회장입니다. 그가 회장으로 있는 화학회사 헌츠먼[Huntsman International LLC.]은 2005년 주식시장에 상장되기 전까지 43개국에 공장을 두고 연 매출 130억 달러를 거두어들인 미국에서 가장 큰 개인회사였습니다.

헌츠먼은 닉슨 대통령 시절에 백악관의 비서관으로 재직한 적이 있습니다. 대통령 지명자를 반대하는 한 연방하원의원이 있었는데 하루는 비서실장이 헌츠먼을 불러서 그 하원의원이 소유하고 있던 공장에 스파이를 잠입시켜 하원의원의 비행을 캐오라는 명령을 내렸습니다. 헌츠먼은 그 자리에서 그 명령에 따르길 거절했습니다. 물론 비서실장은 몹시 화를 냈고 곧 헌츠먼은 백악관을 떠나야 했습니다. 그가 백악관을 떠난 지 몇개월 후에 워터게이트 사건으로 닉슨 대통령 측근 비서관들이 다 의회 청문회에 불려가서 조사를 받았지만 헌츠먼은 불려가지 않았습니다.

전화위복이라고 할지 헌츠먼은 사업을 시작했습니다. 사업은 곧 크게 성장했습니다. 그는 회사의 간부들과 직원들에게 철저한 정직을 강조했습니다. 한번은 태국에 일본 미쯔비시三菱와 합작으로 공장을 차린 일이 있었습니다. 연말에 미쯔비시로부터 25만 달러의 청구서를 받았습니다. 태국 정부 관리들에게 증여한 선물 값 중 헌츠먼 분을 산정해 보내온 것입니다. 헌츠먼은 당장 자기 지분을 매각하겠다고 했고 미쯔비시는 헌츠먼의 지분을 시장가격보다 3백만 달러나 적게 주고 사갔습니다. 3백만 달러를 잃을지언정 뇌물은 주지 않겠다는 신조 때문에 손해를 보면서 지분을 팔았던 것입니다. 그후 얼마 지나지 않아 아시아 경제에 불황이 닥쳐와서 그 공장은 폐쇄되었다고 합니다.

한번은 영국 런던에서 회사를 합병하는 협상을 진행하고 있었습니다. 협상 도중에 상대방의 부인이 암으로 세상을 떠났습니다. 헌츠먼은 2억 달러쯤 적게 주고 그 회사를 매입할 수 있었지만, 아내를 잃고 슬픔에 빠진 상대에게 더 이상 가격 양보를 요구하지 않고 그대로 매입했습니다. "2억 달러 손해를 보았지만 좋은 친구를 얻게 되었다"고 그는 후에 회고했습니다.

헌츠먼은 자기의 모교인 와튼 스쿨Wharton School에 막대한 기부를 했습니다. 넉넉지 못한 그가 고등학교를 졸업했을 때 와튼 스쿨은 그에게 수업료를 면제해 주고 생활비까지 제공하는 장학금을 주었기 때문에 그 은공을 갚기 위해서였습니다.

한번은 그가 한 대학교의 졸업식에 축사를 해달라는 부탁을 받았습니다. 그가 단상에 올랐을 때 행사는 시작된 지 이미 1시간 반을 넘기고 있었습니다. 청중들은 다 지루한 눈치였습니다. 그는 단상에 올라가서 졸업생들에게 자기의 말을 따라서 복창해 달라고 부탁했습니다.

"우리가 할 수 있는 가장 귀중한 봉사는 우리의 마음속을 깊이 짚어보고 우리보다 불행한 사람을 들어 올려주는 일입니다."

이것이 축사 전부였습니다. 이 말을 마치고 그는 총장을 향하여 "저는 이 자리에서 한 학생당 5천 달러씩 200명에게 장학금을 기부하겠습니다"고 말했습니다. 졸업생들과 청중들로부터 우레와 같은 박수를 받았던 아마도 세상에서 가장 짧은 졸업축하 연설이었을 겁니다.

헌츠먼은 사재 2억5천만 달러를 들여서 솔트레이크^{Salt Lake} 시에 암 연구센터를 설립했습니다. 자신도 전립선암으로 어려움을 겪었고 부모님까지 암으로 돌아가셨기 때문에 암 치료 연구소를 설립하는 것이 당연한 도리라고 했습니다.

헌츠먼은 참으로 멋진 사람입니다.

존슨앤존슨의 윤리경영

1995년 미국 상무부는 모범 기업의 행동강령을 발표했습니다. 이 강령을 각 기업이 자율적으로 준행해 줄 것을 상무부는 권고했습니다. 모범 기업의 행동강령은 다음과 같습니다.

1. 안전하고 건강에 좋은 작업장을 마련할 것.
2. 직원 채용은 공정할 것. 즉 아동이나 강제 노동은 피하고 인종, 성별, 출신국가, 또는 종교적인 신념에 대한 일체의 차별행위를 피할 것. 또 단체를 조직하고 가담할 권리와 집단 협상의 권리를 존중할 것.
3. 환경 보호와 환경 우호적인 실천에 책임을 다할 것.
4. 불법 금품수수 금지와 공정한 경쟁을 포함해서 미국의 연방법과 지역법을 준수하는 선한 사업을 시행할 것.
5. 합법적인 기업 관련 사항에 관하여 자유로운 의사 표현을 존중하는 기업문화를 모든 계층의 지도체계를 통하여 유지하며 작업장에서 정치적인 강요를 용인하지 않을 것. 직원들의 공민성을 장려하고 회사가 주재하는 지역사회에 긍정적인 공헌을 할 것. 모든 직원이 행한 윤리적인 행동을 적절히 인정하고 귀중

하게 여기며 다른 직원들이 본받도록 해줄 것.

상식적인 수준에 불과하다고 생각하시는 분들이 많겠지만, 이상과 같은 강령을 완전하게 지키고 있는 기업이 많지 않은 것도 사실입니다.

2만 명의 기업 총수들을 상대로 조사한 연구결과에 의하면 직원들에게 하는 모든 말 중에서 40%가 돈에 관련된 것이었고 윤리에 관한 것은 5% 이하였습니다. 기업가들은 윤리에 관해 강조하는 일이 극히 드물다는 결과였습니다. 깨끗한 기업문화는 최고 지도층으로부터 형성됩니다. 상탁하부정上濁下不淨이라는 격언처럼 윗물이 맑지 않으면 아랫물도 깨끗하지 못합니다.

존슨앤존슨Johnson & Johnson은 대표적인 모범 기업입니다. 이 회사는 대기업이지만 윤리성이 높은 회사로 자타가 인정합니다. 타이레놀의 약병 한 개에 어떤 나쁜 사람이 독극물을 몰래 넣었는데 그것이 판매되어 한 사람이 사망하는 일이 발생했습니다. 타이레놀의 제조회사인 존슨앤존슨은 전 세계에서 판매되고 있는 타이레놀을 모두 리콜했습니다. 물론 함부로 약병을 열지 못하게 약병을 새로 디자인하여 시판을 재개했지만 그 리콜로 인하여 존슨앤존슨은 9천만 달러의 손실을 감수해야 했습니다. 그러나 신속하고 윤리적인 행동으로 존슨앤존슨은 일반 소비자들로부터 더 큰 신뢰를 얻게 되었고 윤리적인 기업이라고 인정받게 되었습니다. 이렇게 깨끗한 기업문화는 그 회사의 사훈으로부터 시작하여 경영진과 전 직원의 신념으로부터 나옵니다.

　"양심적으로 사업을 하면 돈을 못 번다" "사업과 윤리는 공존하기 어렵다"고 말하는 기업인들이 있는 것도 사실입니다. 그러나 존슨앤존슨은 윤리적으로 정직하게 기업을 운영함으로써 큰 성공을 거둔 산 증인이기도 합니다. 존슨앤즌슨의 랠프 라슨^{Ralph Larsen} 회장이 13년 동안 경영한 후 은퇴할 때 발표한 실적이 저에게는 큰 감명을 주었습니다. 그의 경영 지도력에 힘입어 존슨앤존슨의 연간 매출은 330억 달러로서 10년 동안에 3배나 증가했습니다. 창사 이후 69년 동안 계속된 매출 증가였습니다. 라슨 회장의 은퇴 당시 17년 동안 연속 두 자릿수의 이익을 냈습니다. 배당금의 증가도 39년 동안 지속되었습니다. 회사의 자산가치는 1천8백억 달러에 달했습니다. 누가 보아도 부러운 수치인데 존슨앤존슨은 윤리성을 강조하면서도 이런 성공을 거두었습니다.

세계 5대 가전회사, 하이얼

전 세계의 5대 가전회사를 들라면 GE, 월풀^{Whirlpool}, 일렉트롤럭스^{Electrolux}, 그리고 독일의 지멘스^{Siemens}를 들 수 있습니다. 이 네 회사는 자타가 인정하는 세계적 대기업입니다. 그러나 세계에서 다섯 번째로 큰 가전회사를 말하라면 쉽지 않습니다. 그런데 의외로 그 주인공은 중국의 하이얼^{海爾}이라는 회사입니다.

하이얼을 이끌고 있는 인물은 복장이나 몸 갖춤이 초라하기 짝이 없는 장루이민^{張瑞敏}이라는 사람입니다. 장루이민이 이끄는 하이얼은 중국뿐만 아니라 이미 미국, 파키스탄, 이탈리아 및 이란에 공장을 두고 있으며 연간 매출은 70억 달러를 넘고 있습니다. 하이얼은 냉장고, 전자레인지, 에어컨, 휴대전화, 세탁기, 와인냉장고 등을 제조하여 세계적으로 판매하고 있습니다. 이런 사업 능력을 인정받아 장루이민은 2002년에 사업가로서는 처음으로 중국 공산당 중앙위원으로 발탁되었습니다.

장루이민은 제품의 품질을 향상하기 위하여 극적인 행동을 잘하는 것으로 유명합니다. 한번은 품질에 관한 경각심을 높이기 위해 불량 냉장고 70대를 회사 광장에 꺼내서 직원들로 하여금 쇠망치로 때려 부수게 하는 장면을 연출하기도 했습니다. 회사에 큰 손실을 가져온 실수를 범한 사람은 수백 명의 직원들 앞에서 자기가 어떻게 그런 실수를 범했고 앞으로 어떻게 그런 실수를 반복하지 않을 것인가를 자아비판하게 하기도 했습니다. 또 간부들의 급료를 성과에 연관시키는 제도를 실시했는데, 이런 제도는 중국 공산당 체제에서는 볼 수 없던 일이었습니다.

중국에서 판매하는 하이얼 제품 세탁기가 너무 자주 고장 난다는 보고를 받고 조사해 본 결과 중국인들이 세탁기를 이용하여 고구마나 감자를 씻는다는 사실을 알게 되었습니다. 장루이민은 즉시 엔지니어들에게 세탁기를 개조하도록 했습니다. 즉 고구마도 씻고 빨래도 할 수 있는 세탁기를 설계한 것입니다. 그렇게 개조된 세탁기는 판매가 급증했다고 합니다.

이미 국민총생산에 있어 일본을 제치고 세계 2위의 경제대국이 되었고, OECD 30개국 중에서 경제성장률 선두를 달리고 있는 중국의 잠재력을 드러내준 기업가가 바로 장루이민입니다. 혜성처럼 떠오르는 중국의 기업인인 장루이민을 주목해야 할 이유가 바로 여기에 있습니다.

화술의 달인, 레이건

　사업의 성패가 화술에 좌우되는 경우가 많습니다. 경영학자들과 권위자들은 레이건^{Ronald W. Reagan, 1911~2004} 전 대통령의 화술에서 경영인들이 배울 점이 많다고 합니다. 그는 낙태를 반대하고 감세를 주장한 전형적인 보수주의자였습니다. 그가 대통령에 당선되었을 때 의회는 상하 양원을 야당인 민주당이 장악하고 있었습니다. 그럼에도 불구하고 그는 자기가 원하는 입법에 성공했고 역사상 가장 인기 있는 대통령이 되었습니다.

　2004년에 그가 별세했을 때 미국 국민이 보여준 애도의 물결은 상상을 초월한 것이었습니다. 대통령 직에서 물러난 지가 15년이 지났는데도 그와 같은 거국적 추모 열풍을 보면 국민들의 존경과 사랑이 대단했음을 알 수가 있습니다.

　레이건 전 대통령의 즉흥적인 유머는 그를 반대하는 인사들까지 감탄케 했다고 합니다.

　대통령 선거전에서 레이건의 상대는 먼데일^{Walter Mondale} 후보였습니다. 레이건 대통령은 70대였고 먼데일 후보는 50대였습니다. 대선 후보들의 토론장에서 사회자가 질문했습니다.

　"레이건 씨, 이 대선 경쟁에서 나이가 문제되지 않을까요?"

그 질문에 레이건 후보는 즉흥적으로 대답했습니다.

"나는 내 상대 후보가 연소하고 경험이 적다는 점을 정치적으로 이용하지 않을 겁니다."

이 대답에 먼데일 후보마저 웃음을 참지 못했습니다. 자기의 나이가 많다는 점을 말하지 않고 상대 후보의 나이가 적다는 점을 부각해 유머로 받아넘겼던 것입니다.

레이건 대통령은 늦게 집무실에 나오고 일찍 퇴근하는 소위 은행가 시간에 따라 집무를 보았습니다. 그가 대통령의 임기를 반쯤 채웠을 때 한 기자가 물었습니다.

"각하, 각하께서는 근무 시간이 너무 적지 않습니까?"

그 질문을 받고 레이건 대통령은 또 즉흥적으로 대답했습니다.

"예, 열심히 일하여 죽은 사람은 없다는 말을 나도 들었습니다. 그러나 그렇지 않을 수도 있을 겁니다. 왜 내가 그런 모험을 해야 되겠습니까?"

폭소가 터져 나온 바람에 그 기자는 더 이상 질문을 할 수가 없었다고 합니다.

공인들은 말을 조심해야 한다는 뜻을 강조하기 위해서 했던 말도 걸작입니다.

"워싱턴이 아니면 어느 지역에서 말이 광선보다 빨리 전달되겠습니까?"

"야외의 모든 곳을 관리하는 부서를 내무부라고 일컫는 곳이 워싱

턴을 빼고 어디에 있겠습니까?"

그의 즉흥적인 말솜씨는 여야를 막론하고 감탄을 자아냈고 비록 그와 이념을 달리하는 야당 정치인들도 그에게 친밀감을 갖지 않을 수가 없었습니다.

그러나 항상 우스갯소리만 했던 것은 아니었습니다. 동서독을 가로막은 베를린의 장벽에서 "고르바초프여, 이 장벽을 헐어버리시오"라고 한 연설은 두고두고 회자되는 명연설 중 하나입니다.

미 국민과 세계인들은 그가 공산권을 몰락시킨 지도자라고 믿고 있습니다. 밝은 미래를 느끼게 했던 그의 언행을 모든 경영인들이 배워야 할 것입니다.

칼리 피오리나가 남긴 것

40 중반의 여성으로서 〈포춘〉 선정 500대 기업에 드는 HP의 회장 겸 CEO로 임명이 되어 각계각층의 주목을 받았던 칼리 피오리나 Carly Fiorina가 이사회로부터 퇴출당했습니다. 오래전 HP의 비서로 입사했던 그녀가 HP의 CEO로 선임이 되었다는 발표가 있었을 때 경제계는 물론이고 일반 시민들도 여성으로서 그렇게 성공한 피오리나를 자랑스러워했고 그녀가 정말로 뛰어난 경영자라고 믿었습니다. 퇴직금만 하더라도 2천1백만 달러를 받았으니 그녀를 불쌍하게 여길 필요는 없겠으나, 그녀가 퇴출당한 원인을 보면 경영자나 경영학자들에게 교훈을 주는 점이 있습니다.

HP사는 가장 합당한 CEO를 선출하기 위해 선임 작업을 전문가들에게 위임했습니다. 전문가들은 후보들에게 심리와 성품 테스트를 했습니다. 그런 테스트를 거쳐 최고 점수를 얻은 사람이 피오리나였고 때문에 별 이견 없이 HP의 CEO로 선출되었던 것입니다.

그런데 성품과 심리 테스트만으로는 부족하다는 견해가 인력관리 전문가들 사이에서 지배적입니다. 즉 실무 능력을 검토하지 않았음이 실책이었다는 지적이 나오고 있는 것입니다.

피오리나가 취임한 직후에 한 인력 전문가가 그녀에게 충고를 했습니다. HP같이 대기업에는 문화적인 항체가 있으니 개혁을 너무 서두르지 말라는 내용이었습니다. 그것은 적절한 충고였고 그런 충고를 무시한 피오리나 회장은 결국 퇴출당하는 신세가 된 것입니다.

피오리나 회장은 마케팅에 관한 말재주가 비상했습니다. 그 방면으로는 타의 추종을 불허했지요. 그러나 실전경영의 핵심인 재정·생산관리, 의견조정에 있어서 빈약한 능력을 보였습니다. 컴팩^{Compaq}의 M&A는 한 HP 대주주의 반대에 부딪혔지만 피오리나 회장은 자기의 주장을 밀어붙였습니다. 그 결과가 좋았더라면 퇴출당하지 않았겠지만 그후 HP의 주가는 32%나 하락했습니다. 그런 주가의 하락을 경험하고도 CEO를 퇴출하지 않는 이사회는 없을 것입니다.

퇴출 원인은 또 있습니다. 피오리나의 전임자인 루 플렛^{Lew Platt} 회장은 포드^{Ford} 타우러스^{Taurus}를 몰고 다닌 소탈한 성품의 소유자였지만, 피오리나 회장은 회장 전용 제트기를 주로 사용했습니다. 과감한 개혁을 주도했고 일반 직원들부터는 인기를 얻었지만, 간부들로부터는 존경을 잃었습니다. 여성으로서 매력을 지닌 피오리나 회장은 정치인들과의 접촉이 지나칠 정도로 잦았고, 경영의 정상에 오른 여성 지도자로서 받는 선망과 인기를 유감없이 즐겼습니다.

그렇지만 HP의 주주들과 간부들은 그녀가 그런 에너지를 회사 경영에 더 쏟아주기를 바랐습니다. 결국 이사회는 피오리나가 본인의 홍보에만 심혈을 기울인다고 생각하게 되었던 것입니다.

그녀와 대조를 보인 여성 CEO가 있습니다. 세계 최대 화장품 방문업체 에이븐^{Avon}의 회장 앤드리아 정^{Andrea Jung}입니다. 피오리나 회장은 전문 COO^{Chief Operating Officer, 최고업무책임자}를 영입하자는 제안을 거절한 반면 앤드리아 정 회장은 수전 크로프^{Susan Kropf}라는 COO와 손발을 맞추어서 순탄하게 경영하고 있습니다. 정 회장은 COO에게 실무를 전임하고 본인은 특기인 마케팅에 전념하고 있습니다.

피오리나 회장도 정 회장으로부터 그런 경영 스타일을 배웠어야 옳았다고 봅니다. 피오리나는 HP의 CEO로 취임할 때나 퇴임할 때나 많은 경영 교훈을 남겼습니다.

life

삶에는 정도가 있다

좋은 옥수수

한 농부가 있었습니다. 그는 옥수수 농사를 잘 짓기로 유명했습니다. 박람회에서는 그 농부가 재배한 옥수수가 언제나 금상을 받았습니다. 그런데 그 농부는 매년 씨앗을 심을 때가 되면 주변 농부들에게 좋은 옥수수 종자를 나눠주었습니다. 어느 날 기자가 그에게 물었습니다.

"왜 경쟁자들에게도 종자를 나눠주십니까?"

"기자 선생은 뭘 모르시는군요?"

농부는 대답했습니다.

"옥수수가 익어갈 때 바람이 불면 옥수수 꽃가루가 이밭 저밭으로 날아갑니다. 주변의 옥수수가 좋지 않으면 그 좋지 않은 꽃가루가 제 밭에도 날아와서 옥수수의 질을 떨어뜨립니다. 그러니까 제가 옥수수 농사를 잘 지으려면 주변의 농부들이 좋은 옥수수를 기르도록 도와주어야 합니다."

실패에서 배우는 교훈

　　GE를 지금의 회사로 키운 잭 웰치^{Jack Welch}는 고등학교 시절 아이스 하키 선수였습니다. 한번은 숙적인 고등학교 팀과의 중요한 경기에서 연장전 끝에 아깝게 패하고 말았습니다. 너무도 애석하고 화가 난 웰치는 하키봉을 경기장에 패대기치고 탈의실에 들어갔습니다. 그때 문이 활짝 열리더니 한 여인이 쏜살같이 웰치에게 달려왔습니다. 다름 아닌 웰치의 어머니였습니다. 어머니는 아들에게 다가가서 그의 유니폼을 쥐어 잡고 큰 소리로 야단쳤습니다.

　　"이 버릇없는 녀석아. 지는 것을 배우지 못하면 이기는 것도 배우지를 못하는 게야. 그것도 모르는 녀석이라면 게임을 할 자격이 없다."

　　후에 사업가로 크게 성공한 웰치는 그의 저서 『잭 웰치, 위대한 승리』(Winning)에서 그때 어머니에게서 실패로부터 배울 수 있다는 큰 교훈을 얻었다고 회고했습니다.

　　미국의 유명한 백화점 체인인 메이시스^{Macy's}의 창업자는 성공하기까지 7번이나 파산했습니다. 문자 그대로 칠전팔기였습니다.

　　동물학자들이 원숭이를 가지고 한 실험도 흥미롭습니다. 기둥 꼭대기에 바나나를 달아놓고 원숭이로 하여금 올라가서 그 바나나를 따먹도록 했습니다. 한 놈이 기둥을 올라가서 거의 바나나에 손을 대려 할 때 샤워기로 차가운 물을 머리에 뿌렸습니다. 질겁한 원숭이는 바나나를 포기하고 내려왔습니다. 얼마 있다가 다른 원숭이가 시도했습니다. 그도 역시 거의 바나나를 손에 넣으려 할 때 물벼락을 맞고 그냥 내려왔습니다. 그렇게 몇 마리가 실패한 후 새로 원숭이 한 마리를 데려왔습니다. 그런데 이 원숭이가 기둥을 올라가려고 하니까 다른 원숭이들이 그 원숭이를 끌어내렸습니다. 그 후로는 물벼락을 주지 않는데도 원숭이들은 그 바나나를 따 먹으려 하지 않았습니다.

우리도 이런 환경의 희생자가 아닌지 살펴봐야겠습니다. 우리는 모두 분명히 실패로부터 배울 수가 있음을 명심해야 할 것입니다.

아버지의 눈물

아버지는 눈물이 없는 사람이 아니고 눈물을 보이기 싫어하는 사람입니다. 아버지는 겉으로는 강하지만 안으로는 감정의 주머니가 쉽게 터질 만큼 약합니다. 겉으로 보이는 것보다 실망도 낙담도 자주 그리고 많이 합니다. 아내나 자녀를 무척 사랑하면서도 표현을 잘 못하는 서투른 배우입니다.

장거리 운전을 하면서 졸려도 안 졸리는 척하며, 고된 하루의 일과를 마치고 기진맥진하여 귀가해서도 힘이 남아도는 척합니다. 봉급을 가져와서 아내에게 주면서 더 많이 벌어주지 못함을 자탄하는 사람입니다.

자녀가 학교에서 표창을 받을 때 속으로는 무척 자랑스러우면서도 혹시 자녀의 친구나 선생님에게 자신이 초라하게 보이나 않을까 걱정하는 사람입니다. 그래서 어떻게 보면 우리의 아버지는 충분히 이해받지 못하는 외로운 존재입니다.

유명한 인류학자인 마거릿 미드[Margaret Mead, 1901~78]는 불안정한 아버지의 위치를 이렇게 말했습니다.

"아버지라는 존재는 어머니의 말 한마디로 존재 의의를 잃을 수 있을 만큼 불안정한 존재이다."

자녀들은 엄마의 몸 안에서 자기들이 생겨났고 엄마의 몸에서 나왔음을 알고 있습니다. 그런데 아버지라는 존재는 나하고 무슨 상관이 있을까 한번쯤은 의문을 가지게 된다고 합니다. 물론 어느 정도 성장하여 인간 생명의 생성과정을 알게 되면 아버지의 의의를 알게 되지만, 엄마가 "저 사람은 네 아빠가 아니다"라고 한마디만 하면 아버지의 존재는 완전히 무너져버리고 맙니다.

이토록 불안정한 아버지이지만 자녀에 대한 사랑은 어머니에 못지않습니다.

제가 가르치는 학생들은 낮에 일을 하고 밤에 강의를 받는 직장인들입니다. 어느 날 40세 정도 된 흑인 학생이 손을 들고 이런 말을 했습니다.

"저는 건축 현장에서 일합니다. 제 가족은 이곳에서 5시간 가량 운전하고 가야 하는 거리에 살고 있습니다. 요즘은 일 때문에 주말에만 집에 갑니다. 지난 주말에 집에 갔을 때 세 살짜리 딸이 달려와서 먼지 묻은 제 바지가랑이를 두 팔로 안고 올려다보면서, '아빠, 사랑해요'라고 하더군요. 그때 제가 중요하다고 생각했던 다른 모든 것들이 제 마음속에서 사라졌습니다. 돈도 명예도 중요하지 않았습니다. 오직 제 딸아이와 아빠 사이에 굳게 자리 잡은 사랑만이 중요했습니다."

저에게는 한국 군장성 출신 친구가 있습니다. 그 친구는 딸을 시집 보내고 결혼식장에서 집으로 돌아오는 길에 너무도 눈물이 나서

차를 길가에 세운 후 한참을 울었다고 했습니다. 아마도 자기가 그렇게 펑펑 우는 모습을 아내에게나 다른 어떤 사람에게도 말할 수도 보일 수도 없는 강한 자존심의 소유자였을 것입니다.

아버지는 외롭습니다. 특히 이민을 온 아버지들은 더 불안합니다. 자녀들이 친구들로부터 무시당하지나 않을까? 영어가 익숙지 못한 아버지를 혹시나 자녀들이 부끄럽게 생각하지나 않을까? 꾸중해도 자녀들은 속이 텅 빈 꽹가리 소리처럼 듣지나 않을까? 걱정이 끊이지 않는 사람이 아버지입니다. 우리의 아버지에게는 자녀의 격려가 가장 큰 선물일 것입니다.

속단이 준 망신

　새로 부임해 온 사장이 사내 시찰을 했습니다. 줏대 없는 물 사장 이라는 말을 안 듣기 위하여 단호한 일면을 보여줄 기회를 찾고 있었 습니다. 새 사장이 시찰 온다는 소문은 쫙 퍼져서 직원들은 평소보 다 더 열심히 일하는 모습을 보였습니다. 사장은 이런 직원들의 모 습을 보면서 한편으로는 만족을 하면서도 강한 리더십을 행사할 기 회가 없어서 약간 실망하기도 했습니다. 그렇게 여기저기 둘러보고 있던 중에 일은 하지 않고 벽에 기대어 빈둥빈둥 공장 안을 쳐다보고 있는 한 청년을 발견했습니다.

　'옳거니, 이제 드디어 내가 얼마나 무서운 사장인지 보여줄 기회 를 잡았구나' 라고 생각한 사장이 그 청년에게로 가서 엄하게 돋었습 니다.

　"자네 이름이 뭐인가?"

　"대니얼입니다."

　"자네는 얼마를 받고 일하나?"

　"1주일에 500달러 받습니다."

　그 말이 떨어지기 바쁘게 사장은 지갑을 꺼내서 1천 달러를 현금 으로 주며 호통 쳤습니다.

"이건 자네의 2주 봉급일세. 이걸 받고 당장 회사를 떠나게."

1천 달러를 받은 청년은 고맙다고 말하고 즉시 회사를 떠났습니다. 그 청년이 회사를 나간 후에 새 사장은 옆에서 일하고 있던 직원에게 지금 자기가 해고한 그 청년이 무슨 부서에서 무슨 일을 하는 사람이냐고 물었습니다. 질문을 받은 직원이 대답했습니다.

"그 청년은 피자 배달원인데요."

교통위반 딱지

잭이라는 사람이 운전을 하고 가는데 좀 빨리 달린다 싶어 속도계를 보았습니다. 제한속도가 시속 55마일인 지점이었는데 속도계는 73마일을 가리키고 있었습니다. 아차 하는 생각에 거울을 보니 아니나 다를까 경찰이 불을 깜박거리며 따라오고 있었습니다.

'이번 달만 네 번째 과속으로 걸리네. 정말 재수가 없구나.'

이런 생각을 하면서 길가에 차를 세웠습니다. 그런데 불행 중 다행으로 자기에게 걸어오는 경관이 같은 교회의 교인이었습니다.

"아니 이게 누구야? 밥 아니야? 이런 상황에서 자네를 만나게 될 줄이야."

"그래, 잭, 나도 그렇게 생각하네."

"아내가 차려 놓은 맛있는 저녁 생각에 그만 속도를 좀 내버린 모양이네."

밥은 무엇인가를 교통위반 딱지에 적으면서 말했습니다.

"자네 심정을 모르는 건 아닐세. 그런데 나도 자네의 운전 버릇이 좋지 않다는 말은 들었었지."

교통위반 딱지를 계속 쓰고 있는 밥이 야속하게 느껴져서 잭은 은근히 화가 났습니다. 그래서 잭은 친구로서 좀 따져보려고 차에서 나오려고 하자 밥은 말했습니다.

"나오지 말게. 차 안에 그대로 앉아 있게."

화가 나서 욕이라도 해주고 싶은 걸 참고 잭은 딱지를 기다렸습니다. '그런데 왜 운전면허증을 보여달라고 안 하지?' 의아하게 생각하면서 밥이 건네주는 딱지를 받았습니다. 친구에게 무정한 밥이 무척 미웠습니다. 받아 쥔 딱지에 벌금이 얼마로 적혔는지 빨리 보고 싶었습니다.

"안전운전하면서 잘 가게"라는 말을 남기고 밥은 갔습니다. 치밀어 오는 화를 삼키면서 잭은 밥이 건네고 간 딱지를 펴보았습니다. 거기에는 다음과 같은 글이 적혀 있었습니다.

"잭에게,

나에게도 예쁜 딸이 있었다네. 그 아이는 과속 운전자의 차에 치여 세상을 떠났지. 그 운전자는 겨우 3개월 구치 후 풀려 나왔지만 나는 내 딸을 다시 안아볼 기회를 영영 잃어버렸다네. 내게 그 운전자를 용서할 수 있는 도량을 달라고 수천 번 기도했지만 쉽지 않더군. 자네는 집에 돌아가면 반기는 딸이 있지 않은가? 제발 조심해서 과속하지 말고 안전하게 귀가하게.

자네의 친구 밥."

잭은 목이 메어 한참 동안 시동을 걸지 못했습니다. 친구를 속단한 자기의 경솔함이 후회스러웠습니다.

폭풍 속에서 편히 자기

　한 농장주가 일할 직원을 구한다는 공고를 내자 착하게 보이는 한 청년이 왔습니다. 농장주가 그 청년에게 물었습니다.

　"자네의 장점을 말해보게."

　그러자 그 청년은 이해하기 어려운 대답을 했습니다.

　"저는 폭풍 속에서도 잠을 잘 잡니다."

　그 말의 뜻을 이해할 수는 없었지만 농장주는 착해 보이는 그 청년을 채용했습니다. 청년은 일을 잘했습니다. 농장에서 자란 듯 농기구를 다루는 일이나 수백 마리의 소를 돌보는 일이나 모두 잘했습니다.

　그러던 어느 날 밤중에 폭풍이 불어 닥쳤습니다. 엄청난 폭풍이었습니다. 축사가 걱정이 된 주인은 청년이 자는 방으로 갔습니다. 그를 깨워 막사에 못도 박고 창문도 튼튼한 밧줄로 묶어두기 위해서였습니다. 청년은 깊이 잠들어 있었습니다. 아무리 깨워도 청년은 일어나지 않았습니다.

　할 수 없이 주인은 혼자서 축사로 갔습니다. 그런데 이게 웬일입니까? 막사의 문이나 바람에 날릴 만한 곳은 다 못이나 밧줄로 튼튼하게 고정되어 있는 것 아닙니까? 청년은 일기가 심상치 않자 어떤 폭풍도 이겨낼 만큼의 조치를 다 해놓았던 것입니다.

그제야 농장주는 청년이 "저는 폭풍 속에서도 잠을 잘 잡니다"고
말한 뜻을 알았습니다.

어떤 사정

고속도로 경찰관이 과속차를 정지시켰습니다. 그 차가 달린 속도는 교통위반 딱지만으로 해결할 수 없는 시속 90마일 이상이었습니다. 정지된 차에 다가간 고속도로 경찰은 두말도 않고 운전자에게 수갑을 채웠습니다.

"당신을 구류하겠습니다"고 경관이 말하자 운전자가 하소연하듯이 "경관님, 제 말 좀 들어보세요"라고 했습니다. 기분도 별로 안 좋은데다 추격하느라고 흥분해 있던 경관은 "여러 말 마세요"라며 운전자의 말을 막았습니다. 경찰차 뒷자리에 앉아 유치장으로 가면서 운전자는 또 하소연하려고 했습니다. "경관님, 제 말 좀 들어보시라니까요." 그러자 경관이 또 소리를 질렀습니다. "할 말이 있거든 유치장에서 서장님께 하시지요." 운전자는 그 후에도 두서너 번 말을 하려고 했으나 경관은 들으려 하지 않았습니다.

약 2시간 후에 어느 정도 마음이 가라앉은 경관이 유치장에 갇힌 운전자 앞에 다시 나타났습니다.

"당신은 운이 좋군요. 서장님이 지금 딸 결혼식에 참석 중이거든요. 아마도 기분이 좋아서 당신을 그냥 풀어줄지도 모르겠습니다."

그 말을 듣고 있던 운전자가 말했습니다.

"운이 좋다니요? 내가 바로 서장님의 사위가 될 사람인데요. 내가 유치장에 있으니 결혼식을 어떻게 하겠습니까?"

오해하지 맙시다

한 여자가 공항 안에 있는 상점에 들어가서 책 한권과 과자 한 봉지를 샀습니다. 비행기 출발 시간이 어느 정도 남아 있었기 때문에 대합실 의자에 앉아서 책을 읽기 시작했습니다. 그녀는 독서에 집중했습니다.

그러다가 옆에 앉아 있는 중년 남자를 보았습니다. 그 남자는 허락도 구하지 않고 자기 옆에 놓여 있는 과자봉지에 손을 넣어 과자를 꺼내 먹었습니다. 괘씸했지만 여자는 모르는 체하고 자기도 과자를 꺼내 입에 넣었습니다.

그녀가 과자를 한 개씩 꺼내 입에 넣을 때 옆의 남자도 같은 과자봉지에서 태연히 과자를 꺼내 먹는 것이었습니다. 그런 일이 계속되자 여자는 점점 화가 치밀어왔습니다.

'내가 참아야지. 이 얌체에게 주먹을 한대 날리고 싶은 마음이 굴뚝 같지만.'

그러다 과자는 딱 한개가 남았습니다. 이 마지막 남은 과자를 누가 먹게 될까? 여자는 자못 궁금했습니다. 그런데 남자가 거리낌없이 마지막 과자를 꺼내는 것 아니겠습니까? 염치도 좋게 그 남자는 마지막 과자를 두 쪽으로 갈라서 반쪽을 여자에게 주었습니다.

그 반쪽을 낚아채듯 받아서 입에 넣은 여자는 열을 받을 대로 받았습니다.

  '이 남자 얼굴도 두껍네. 예의도 없고 고마운 줄도 모르는 이런 인간이 있다니….'

  드디어 탑승을 알리는 공고가 나왔습니다. 그런 무례한 남자의 옆을 떠날 수 있다는 것 자체로 좋았습니다. 탑승구를 향하여 걸어가면서 보기도 싫은 그 남자에게는 시선도 주지 않고 속으로 욕을 했습니다.

  '과자를 도둑질해 간 나쁜놈.'

  비행기 안에서 지정된 좌석에 앉은 여자는 이제 그 무례한 남자를 생각조차 하기 싫었습니다. 그래서 책을 꺼내 읽으려고 가방에 손을 넣었습니다. 그런데 이게 웬일입니까? 아까 상점에서 샀던 과자봉지가 그대로 손에 잡히는 것 아니겠습니까? 그러고 보니 대합실에서 그 남자와 기분 나쁘게 먹었던 과자는 그 남자의 과자였던 것입니다. 남의 과자를 허락도 없이 꺼내 먹었던 것은 바로 자신이었던 것입니다. 그 남자는 화도 내지 않고 오히려 자기와 그 과자를 나눠먹었던 것입니다. 무례하고 감사할 줄도 모르는 행동을 한 사람은 그 남자가 아니라 바로 자신이었습니다. 이미 사과를 하기도 너무 늦었기 때문에 여자는 혼자서 자기가 오해를 한 것을 두고두고 후회했습니다.

정직한 농부 이야기

옛날에 독일에서 전쟁이 있었습니다. 오래 계속된 전쟁으로 인해 군인들은 전국 각지에 주둔해 있을 수밖에 없었고 군량 공급도 점점 힘들어졌습니다.

한 기마부대의 부대장이 부하들을 거느리고 산속 계곡을 지나고 있었습니다. 군인들은 배가 고팠고 말들도 제대로 먹지 못하여 몹시 지쳐 있었습니다. 그러던 중 부대장은 상부로부터 지시를 받았습니다. 때는 가을이었습니다. 군량을 더 보낼 수가 없으니 가까운 농가를 찾아 그곳에서 군마를 먹이라는 지시였습니다.

산속이었던지라 농가를 쉽게 찾을 수가 없었습니다. 그러다 조그마한 농가 한 채를 발견했습니다. 부대장은 농가의 문을 두드렸습니다. 지팡이를 짚은 나이든 농부가 문을 열었습니다.

"어르신, 이 근방에 보리밭이나 밀밭이 있습니까? 군마를 먹일 곡식이 필요해서 그럽니다."

그 말을 듣고 농부는 거동이 불편한 몸을 지팡이에 의지한 채 자기를 따라오라고 하며 앞장서서 어딘가를 향해 걷기 시작했습니다. 한참을 따라갔더니 잘 익은 보리밭이 나왔습니다. 군인들은 즉시 낫을 들고 보리밭에 들어가려고 했습니다.

"여러분, 이 밭에서 베지 말고 저를 더 따라오십시오."

농부는 의외의 말을 했습니다. 기마부대는 하는 수 없이 농부를 따라갔습니다. 한참을 더 갔더니 보리밭이 또 하나 나왔습니다.

"자, 이제 보리를 베어가십시오."

농부는 신중한 어조로 말을 했습니다. 이상하다고 생각한 부대장이 농부에게 물었습니다.

"아니, 조금 전에도 보리밭이 있지 않았습니까? 보아하니 그 보리밭은 이 밭보다 더 풍작이고 거리도 가까운데 왜 여기까지 우리를 데려왔습니까?"

그 말을 듣고 있던 농부는 당연하다는 듯 말했습니다.

"아까 본 보리밭은 내 밭이 아니거든요."

자기의 농작물에 손을 대지 않고 남의 농작물을 베어가도록 할 수도 있었지만, 그 정직한 농부는 자기의 농작물을 잃을지언정 남의 소유물에 손을 대지 않으려 했던 것입니다.

엄마의 청구서

어떤 집에 여덟 살 된 사내아이가 있었습니다. 그 아이는 돈에 일찍 눈을 떠 모든 것을 돈으로 환산하는 습관을 가진 아이였습니다. 자기가 보는 모든 것을 값으로 따져보고 값이 별로 나가지 않는 것에는 전혀 흥미를 갖지 않았습니다. 돈을 주고 살 수 없는 귀중한 것들이 많이 있음을 그 아이는 알지 못했습니다.

어느 날 아침 상 위에 곱게 접힌 종이 한 장이 엄마의 그릇 옆에 놓여 있었습니다. 그것은 아들이 엄마에게 보낸 청구서였습니다. 그 청구서에는 다음과 같이 적혀 있었습니다.

엄마에게 보내는 청구서
어제 한 심부름: 3달러
쓰레기 버리기: 2달러
아래층 정리: 2달러
기타 봉사: 1달러
합계: 8달러

그 청구서를 읽은 엄마는 미소를 지은 채 아무런 말도 하지 않았습니다. 점심 때가 되었습니다. 아이의 그릇 옆에 8달러의 돈이 놓여 있었습니다. 그 돈을 본 아이의 얼굴이 환해졌습니다. 그 돈을 재빨리 집어 호주머니에 넣고 또 어떤 명목으로 엄마에게 돈을 더 청구할까 생각했습니다. 그런데 자세히 보니 그릇 옆에 잘 접어진 종이가 있었습니다. 그 종이를 펴보니 그것은 엄마가 아들에게 보낸 청구서였습니다. 그 청구서에는 다음의 내용이 기록되어 있었습니다.

엄마가 아들에게 보내는 청구서
아들에게 잘해준 대가: 무료
아들이 홍역을 치르는 동안 밤새 간호함: 무료
옷, 신발, 장난감: 모두 무료
식사와 좋은 침실: 무료
합계: 무료

엄마의 청구서를 읽어본 아들은 아무 말이 없었습니다. 잠시 후에 그 아이는 자리에서 일어나 호주더니에서 8달러를 꺼내 엄마의 손에 쥐어주었습니다. 그 후로 다시는 엄마에게 청구서를 보내지 않았습니다. 그리고 기회 있을 때마다 엄마를 잘 돕는 착한 아들이 되었습니다.

40이 넘은 여자

CBS의 유명한 시사 프로그램 《60분》의 진행자 앤디 루니[Andy Rooney] 가 쓴 글입니다.

40이 넘은 여자는 밤중에 당신의 옆구리를 살짝 찌르며 "당신 지금 무슨 생각해?" 따위의 질문은 절대로 하지 않는다. 당신이 무슨 생각을 하고 있는지 개의치 않기 때문이다.

당신이 운동경기 중계방송에 열중해 있을 때도 옆에서 불평하지 않는다. 당신이 경기에 빠져 있건 말건 자기가 하고 싶은 일을 한다. 대개 당신이 시청하고 있는 경기보다 훨씬 흥미로운 일이다.

40이 넘은 여자는 자기를 알고 자기의 입지를 잘 알 뿐만 아니라 자기가 누구로부터 무엇을 바라는지 분명히 알고 있다. 그래서 당신이 자기를 어떻게 생각하고 있는지 아랑곳하지 않는다.

40이 넘은 여자는 대개 뜻 깊은 관계와 서로를 위한 철저한 약속에 대한 자족감을 갖고 있다. 그래서 멍청하고 항상 꽁무니만 쫓으며 투덜거리는, 여자에게 의존만 하려는 애인은 원하지 않는다.

40이 넘은 여자에게는 위엄이 있다. 오페라를 구경하는 동안이나 고급 식당에서 식사하는 중에 언성을 높이지 않는다. 물론 당신이 못된 짓을 저질렀다면, 법으로 해결될 수 없다고 판단될 때 주저 없이 당신을 향해 방아쇠를 당길 것이다.

40이 넘은 여자는 친구들에게 당신을 자신 있게 소개한다. 남자를 사귀어본 젊은 여자는 다른 여자와 함께 있을 때 남자들을 신임하지 않기 때문에 자기 남자를 가장 친한 친구에게조차 소개해 주지 않는다. 그러나 40이 넘은 여자는 당신이 친구에게 매력을 느낀다 해도 개의치 않는다. 왜냐하면 친구가 자기를 배반하지 않을 것을 알기 때문이다.

40이 넘은 여자는 영기가 강한 사람들이다. 당신이 잘못을 고백하지 않아도 다 알고 있다.

40이 넘은 여자는 빨간색 립스틱을 발라도 아름답다. 젊은 여자는 그렇지 않다.

40이 넘은 여자는 솔직하고 정직하다. 당신이 머저리처럼 행동을 하면 주저 없이 당신을 머저리라고 한다. 그 여자가 당신을 어떻게 생각하고 있을지 고민할 필요가 전혀 없다.

그렇다. 우리는 40이 넘은 여자를 여러 가지 이유로 찬양한다. 그러나 불행하게도 우리는 그들로부터 똑같은 찬양을 받지 못한다.

주기만 하는 사랑

분주한 한 외과병원에 70대의 노인 한 분이 찾아왔습니다. 며칠 전에 엄지손가락을 다쳐서 꿰맨 상처에서 실밥을 뽑아달라고 했습니다. 그렇게 말하면서 노인은 약속이 있어서 빨리 가야 된다고 서둘렀습니다. 다른 환자를 보느라고 바쁜 의사가 30분쯤 기다려줄 수 있냐고 물었습니다. 그러자 노인은 9시까지는 꼭 가야 할 약속이 있다고 대답했습니다.

의사는 그렇게 급한 약속이 있다면 당장 실밥을 뽑아주겠다고 하고 노인을 의자에 앉혔습니다. 실밥 뽑을 준비를 하면서 의사는 다시 물었습니다.

"뭐가 그리 급해서 9시에 약속을 하셨습니까?"

그러자 노인이 말했습니다.

"실은 제 아내가 치매에 걸려서 지금 양로원에 있어요. 그 양로원에 들어간 지가 3년이 되었습니다. 그 3년 동안 매일 9시에 아내하고 아침식사를 하는 것이 중요한 일과가 되었지요. 그래서 급하게 서두르고 있는 겁니다."

"부인께서 치매에 걸리셨다면 남편을 알아보십니까?"

"아니오, 알아보지 못하지요."

"아니, 남편도 알아보지 못하는 부인과 매일 아침 식사를 같이 하신다는 말씀입니까? 치매가 그 정도라면 한번쯤 안 가서도 괜찮지 않을까요?"

　노인은 정색을 하고 말했습니다.

　"아내는 나를 알아보지 못하지만 나는 아내를 알지 않습니까?"

칭찬은 공적으로, 훈계는 사적으로

칭찬할 때와 훈계할 때가 있습니다. 훈계할 때 조심해야 할 점은 상대가 모독감을 느끼지 않도록 해야 한다는 것입니다. 그래서 행동과학자들은 "칭찬은 공적으로, 훈계는 사적으로 하라"고 권고합니다. 최근에 이런 이야기를 들었습니다. 이것은 실제 있었던 일입니다.

미국의 한 동네에 신문을 배달하는 소년이 있었습니다. 신문이 어떤 때는 하수구에 빠지기도 하고 어떤 때는 나무 울타리 밑으로 처박히기도 했습니다. 배달을 빨리 하려다보니 자전거를 타고 달리면서 신문을 던졌기 때문이었습니다.

동네 사람들은 소년이 좀더 조심스럽게 신문을 배달하지 않는 것을 항의하기 위하여 탄원서를 돌렸습니다. 배달원을 교체하든지 아니면 그 소년의 배달방식을 고쳐달라는 의도였습니다.

이 이야기를 들려주셨던 분의 부인은 그 탄원서에 서명하는 것을 거절했습니다. 어린 소년이 그만큼이라도 배달하는 것이 대견했기 때문입니다. 신문 뭉치는 무겁고 배달할 곳은 많고 학교에 가야 할 시간은 촉박하니 약간의 실수도 있을 수 있겠다는 이유에서였습니다. 탄원서는 많은 사람들의 서명을 받아 신문보급소에 전달되었습니다.

수일 후에 서명을 거절한 부인은 퇴근한 남편을 보자 한없이 눈물을 흘리면서 말했습니다. 그 소년이 자기 집 차고에서 자살했다는 것이었습니다. 그 어린 소년은 자기가 봉사를 한다고 믿었던 동네 사람들로부터 탄원의 대상이 된 것을 참을 수 없는 수치와 모욕으로 느꼈던 것입니다.

자살을 하는 대부분의 사람들의 자살 동기는 낙담 아니면 모욕감 때문입니다. 그렇기 때문에 어떤 이유든지 훈계를 하려면 사적으로 하라고 전문가들이 말하는 것입니다. 타인에게 창피를 주는 언행을 경영인들은 특히 조심해야 할 것입니다.

섣불리 합의하지 마세요

뉴욕 시에서 법률사무소를 운영하던 변호사 한 사람이 남부의 한 시골 마을에 오리 사냥을 갔습니다. 뉴욕 같은 대도시와는 정반대인 조용한 시골 환경이 마음에 들었습니다. 그는 오리를 찾아 다니다가 드디어 오리 떼를 만났습니다. 인기척에 놀라서 공중으로 날아 달아나려는 오리를 향해 방아쇠를 당겼습니다. 오리 한 마리가 총을 맞고 한 농장의 담 뒤로 떨어졌습니다. 그가 담을 넘어 총에 맞은 오리를 주워 나가려고 할 때 나이든 농부가 트랙터를 탄 채로 변호사에게 물었습니다.

"뭐하는 거요?"

"내가 쏘아 떨어뜨린 오리를 주우려는 겁니다."

변호사가 말했습니다.

"여보시오. 이곳은 내 농장입니다. 당신은 내 농장에 허락 없이 들어올 수 없습니다."

농부는 타협하지 않을 것 같은 태도였습니다. 화가 난 변호사는 이렇게 말했습니다.

"나는 전국적으로 이름이 난 변호사입니다. 만일 당신이 그런 고집을 부리고 내가 당신의 농장에 들어가는 것을 막는다면 당신을 고소하여 당신이 소유한 모든 재산을 빼앗아버릴 겁니다."

그러자 나이 지긋한 그 농부가 말했습니다.

"변호사님, 우리 그러지 말고 시골 방식으로 문제를 해결합시다."

"시골 방식이 뭡니까?"

호기심이 동한 변호사가 물었습니다.

"여기에서는 그것을 '세번차기'라고 합니다. 내가 먼저 당신을 세번 발길로 찹니다. 그런 후에 당신이 나를 세번 발길로 찹니다. 이와 같이 '세번차기'를 주고받는데 한쪽이 항복할 때까지 하는 겁니다. 어디 시골 방식으로 한번 해보실래요?"

그런 농부의 말을 듣고 보니 나이가 지긋한 농부에게 젊은 변호사가 질 이유가 없었습니다. 그래서 변호사는 대답했습니다.

"좋습니다, 그렇게 합시다. 말한 대로 당신이 먼저 세번 발길질을 해보시죠."

나이가 지긋한 농부는 트랙터에서 내려오면서 약간의 미소를 지었습니다. 그리고는 앞이 뾰족한 구두로 변호사의 사타구니를 힘껏 찼습니다. 급소를 채인 변호사는 신음을 하며 땅바닥에 쓰러졌습니다. 쓰러져 있는 변호사에게 다가가 이번에는 얼굴을 걸어찼습니다. 변호사의 코에서는 코피가 흘렀고 머리가 핑 돌았습니다. 농부는 또다시 힘을 가다듬고 변호사의 아랫배를 내려 찼습니다. 변호사는 신장이 떨어져 나가는 듯한 고통을 느꼈습니다. 겨우 정신을 차리고 나서 비틀거리면서 변호사는 일어섰습니다.

"이제, 내 차례입니다. 내가 세번 발길질을 할 테니 내 발길을 받으시오."

변호사가 힘을 모아 발길질을 하려 했을 때 농부는 손을 번쩍 위로 들면서 말했습니다.

"항복입니다, 어서 농장에 들어가서 오리를 주워가쇼."

빛을 보지 못한 선물

효도하는 세 아들이 있었습니다. 연로하신 어머님이 시력을 잃어가자 세 아들이 어머니를 찾아갔습니다. 큰아들이 말했습니다.

"어머니, 뭐 갖고 싶은 거 없으세요? 말씀만 하세요. 어머니께서 원하시는 거라면 뭐든지 마련해드리겠습니다."

어머니는 어머니다운 대답을 했습니다.

"아무것도 필요 없다."

그래도 큰아들은 방도 많고 편리시설이 다 갖춰진 큰 집을 한 채 사드렸습니다.

둘째 아들도 필요 없다는 어머님께 최고급 벤츠 한 대를 사드렸습니다. 운전기사도 보내드렸습니다.

셋째 아들은 시력을 잃어가는 어머님에게 15년간 훈련을 잘 시킨 앵무새 한 마리를 선사했습니다. 그 앵무새는 성경을 다 외워 주인이 원하는 성경구절을 달달 음송할 정도로 훈련이 되어 있었습니다. 시력을 잃어가는 어머니에게는 최상의 선물이라고 생각했습니다.

얼마 후에 세 아들이 어머니를 다시 찾아갔습니다. 자기들이 드린 선물이 어땠냐고 여쭈었습니다. 어머니는 큰아들에게 말했습니다. 집이 너무 커서 간수하기도 힘들다고 하면서 집을 도로 내놓겠다고

삶에는 정도가 있다 95

했습니다. 둘째 아들에게는 벤츠를 운전할 수도 없고 아들이 보내준
운전기사도 마음에 들지 않으니 그 차를 도로 가져가라고 했습니다.
셋째 아들에게 어머니가 말씀을 했습니다.

"얘야, 네가 준 닭은 좀 작기는 해도 잡아 먹어보니 맛은 좋더라."

감사의 푸른 리본

　학생들을 무척 사랑하는 고등학교 선생님이 있었습니다. 학기말의 어느 날 선생님은 학생들 모두 한 사람씩 앞으로 나오라고 한 후에 각자의 독특한 점을 들면서 선생님의 인생에 좋은 변화를 주었다고 말했습니다. 그러고는 '나는 누구의 인생에 변화를 주었는가?' 라는 금색 글씨가 적힌 푸른색 리본을 각자의 가슴에 달아주었습니다.

　그런 후에 리본을 세 개씩 주면서 각자 감사를 표시하고 싶은 사람을 찾아가서 리본을 달아주고 그 사람에게 나머지 두 개의 리본을 주면서 그도 역시 누군가를 찾아가서 리본을 달아주라고 부탁하라고 했습니다. 그런 행동이 사회에 어떤 영향을 미치는지를 1주일 후에 검토하자고 선생님이 말했습니다.

　이 말을 들은 한 학생이 어떤 회사의 중역을 찾아갔습니다. 그리고 그 중역이 자기의 진로를 결정하는 일에 큰 도움을 주어서 고맙다고 말한 후 리본을 달아주겠다고 말했습니다. 그 중역은 감명을 받은 것 같았습니다. 그리고 나서 그 학생은 두 개의 리본을 주면서 그도 다른 누군가를 찾아가서 칭찬을 하고 리본을 달아달라고 했습니다.

　리본을 받아 가슴에 단 그 중역은 사장님을 찾아갔습니다. 사장은 짜증을 잘 내는 사람이었습니다. 그 중역은 그동안 좋은 지도력을 발휘하여 자기를 잘 인도해 준 데에 대하여 감사한다고 말하며 리본을 달아주었습니다. 모두 다 자기를 싫어하는 줄로 알고 있던 사장은 기대하지 않았던 칭찬을 받고 무척 기뻐했습니다. 중역은 나머지 한 개의 리본을 주면서 누군가를 찾아가서 칭찬을 해주고 그 리본을 달아줄 수 있겠는가고 물었습니다. 사장은 그렇게 하겠노라고 했습니다.

리본 한 개를 가슴에 달고 또 한 개를 얻어들고 집으로 오던 사장은 누구에게 리본을 달아줄까를 생각해 보았습니다. 그는 열네 살 난 아들에게 리본을 달아주기로 마음먹었습니다.

집으로 돌아온 사장은 아들을 불렀습니다. 아들을 앞에 앉히고 아버지는 그동안 짜증이나 내고 무뚝뚝했던 행동을 잘 참아준 아들에게 고맙다고 말했습니다. 사실 말은 하지 않았지만 좋은 아들을 둔 덕분에 아버지는 큰 변화를 얻었다고 하면서 아들을 포옹해 주었습니다. 그런 후에 아버지는 아들에게 진지하게 말했습니다.

"아들아, 오늘 나는 좋은 리본을 받았다. 그리고 가장 고마운 사람에게 달아주라고 리본을 하나 더 받아들고 집으로 오는 길에 곰곰이 생각해 봤단다. 그런데 아무래도 내가 이 리본을 달아줄 사람은 나의 귀한 아들밖에 없다는 생각이 들더구나."

아버지가 이렇게 말하자 아들은 울기 시작했습니다. 그렇게 서럽게 우는 아들의 모습을 일찍이 본 적이 없었던 아버지는 아들에게 무슨 영문인지를 물었습니다. 눈물을 흘리면서 아들이 말했습니다.

"아버지, 저는 아버지가 저에게 관심이 없다고 생각했습니다. 아버지한테서 칭찬을 받아본 적도 없었고 성적표를 가져올 때마다 심한 꾸중만 들었습니다. 그래서 저는 오늘 유서를 썼어요. 오늘밤 두 분이 잠드신 후에 자살하려고 말이에요. 이제 제가 얼마나 경솔했는지 깨달았습니다. 2층에 가보시면 제 책상 위에 유서가 있습니다."

2층에 가보니 정말 아들의 유서가 있었습니다. 그 유서에는 분노와 좌절과 원망이 가득했습니다. 아버지는 하마터면 귀중한 아들을 잃을 뻔했습니다.

감동의 마라톤

2004년 11월 13일에 버지니아^{Virginia} 주에서 마라톤 경기가 열렸습니다. 수천 명의 주자들 중에 한 중년 남자가 서툴게 뛰고 있었습니다. 그의 이름은 렌 가이거. 난생 처음으로 마라톤 경기에 참가한 그는 2년 전만 해도 죽음을 눈앞에 두었던 사람이었습니다. 유전적인 폐질환으로 거의 죽어가고 있던 그에게 누군가가 한 쌍의 폐를 기증해 그는 양쪽 폐를 이식받을 수 있었습니다. 실로 새로운 생명을 얻었던 것입니다.

어색하게 달리고 있던 그의 옆에는 또 한 사람의 중년 남자가 함께 달리면서 격려해 주고 있었습니다. 그는 케빈 쉬로여라는 사람이었는데, 이 두 사람의 관계가 언론에 보도되면서 사람들에게 감동을 주었습니다.

가이거가 폐질환으로 사경을 헤매고 있을 때 우울증에 시달리다가 자살을 시도한 14세의 소녀가 있었습니다. 그 소녀가 다름 아닌 쉬로여의 딸이었습니다. 자살을 하기 위하여 극약을 먹은 딸의 소생이 불가능해지자 쉬로여는 딸의 장기를 기증하기로 결정했습니다. 마침 폐 이식이 절실히 필요했던 가이거와 연결이 되어 그 소녀의 폐는 가이거에게 이식된 것입니다. 자기 생명을 구해준 소녀의 이름과 부모를 알게 된 가이거는 쉬로여에게 감사하다는 말 이외에는 아무런 말도 할 수가 없었습니다.

폐 이식을 받은 가이거는 장기 기증을 널리 알리기 위해 마라톤 경주에 참여하기로 결심을 했고, 쉬로여는 딸의 폐를 이식받고 뛰는 가이거를 격려하기 위해 옆에서 달리게 되었던 것입니다. 많은 보도진들의 취재 속에 두 사람은 6시간 25분 만에 마라톤을 완주했습니다.

기자들이 소감을 묻자 쉬로여는 이렇게 말했습니다.

"제 딸이 옆에서 저와 함께 달리고 있는 것 같았습니다."

그리고 가이거를 가리키며 덧붙였습니다.

"비록 딸은 세상을 떠났지만 새로운 가족 한 사람을 얻었다고 생각합니다."

아는 체하는 실수

어느 유치원에서 선생님께 고마움을 표시하는 날이었습니다. 아마도 학부형 모임에서 그런 행사를 주선했겠지요. 유치원생들은 각자가 정성스럽게 포장한 선물을 선생님께 드렸습니다.

첫번째로 선물상자를 선생님께 드린 유치원생은 꽃집 아이였습니다. 그 아이의 가족 상황을 알고 있는 선생님은 받은 선물상자를 약간 흔들어 보고 말했습니다. "이거 아름다운 꽃이구나." 그러자 선물을 준 아이가 놀라면서 "선생님, 상자 안에 꽃이 들어 있는 것을 어떻게 아셨어요?" 하고 물었습니다. "그 정도는 다 알지"라고 선생님이 대답했습니다.

두 번째로 선생님에게 선물상자를 드린 아이는 빵집 아이였습니다. 선생님은 이번에도 상자를 약간 흔들어보고 "이 안에는 케이크가 들어 있구나"라고 했습니다. 아이는 놀란 듯이 "선생님, 그 안에 케이크가 있는 줄을 어떻게 아셨어요?" 하고 물었습니다. 이번에도 선생님은 태연하게 "그 정도는 다 알고 있단다"라고 대답했습니다.

세 번째로 선물상자를 드린 학생은 술가게 집의 아이였습니다. 선물상자를 받아든 선생님은 그 상자 안에서 액체가 새어 나오는 것을 보았습니다. 그 액체를 손가락으로 묻혀서 혀에 대보았습니다. 맛으로는 그게 무엇인지 알 수가 없었습니다. 그래도 모른다고 하기에 체면이 서지 않았습니다. 선생님은 "이 상자 안에는 아마도 포도주가 들어 있겠지?"라고 하면서 자기 말이 옳을 것이라고 생각했습니다. "아니에요, 선생님." 술가게 집 아이는 대답했습니다. "그래? 다시 맛을 보자꾸나." 이번에는 좀더 많은 양의 액체를 묻혀서 맛을 보았습니다. "음…, 이 상자 안에는 아마도 샴페인이 들어 있겠구나" 하고 말하며 이번에는 맞혔을 것이라고 생각을 했습니다.

그 모습을 보고 있던 아이가 말했습니다. "그것도 아니에요. 그 상자 안에는 강아지가 들어 있어요"라고 대답했습니다.

잘 모르면서 아는 체하는 행동은 인격의 결함입니다. 선학은 이렇게 가르치고 있습니다.

"아는 사람은 말을 해야 할지 침묵을 지켜야 할지를 알고 질문에 대답을 할지 대답하지 말아야 할지를 알며 설명을 해야 할지 아니면 설명을 하지 않아야 할지를 안다. 그런 사람은 소수이다."

약간의 개똥

한 십대의 아들이 아버지에게 성인용 영화를 보도록 허락해 달라고 했습니다. 가정의 규칙에 따라 아버지가 안 된다고 했습니다. 그러나 아들은 아버지를 설득했습니다.

"아버지, 그 영화에는 욕설이 두 번밖에 나오지 않는대요. 그리고 음란한 장면은 단 한번 그것도 잠시 스쳐가는 장면이래요. 그 정도라면 우리들에게 악영향을 미치지 않을 거예요. 그러니까 허락해 주세요, 네?"

그 말을 듣고 아버지는 오후에 대답을 주겠다고 했습니다. 오후 늦게 아버지는 맛있게 생긴 케이크를 하나 사들고 왔습니다. 그리고 아들에게 말했습니다.

"내가 아주 맛있는 케이크를 가져왔다. 최상의 원료로 최고의 전문가가 정성껏 만든 거라기에 사왔지. 맛도 물론 최고란다. 자, 어서 먹자."

아버지가 고맙기도 하고 출출하던 차에 맛있는 케이크를 먹게 되어 아들은 기뻤습니다. 아들이 막 케이크를 자르려 할 때 아버지가 한마디 더했습니다.

"참, 하마터면 잊어버릴 뻔했구나. 이 케이크는 맛도 모양도 최고지만 한 가지 너에게 알려주어야 할 것이 섞여 있단다. 아주 약간의 개똥이지. 내가 넣었단다. 아주 소량이라서 냄새도 안 나고 맛도 나지 않을 거야. 이제 어서 먹어라."

절대로 그런 케이크를 먹지 않겠다고 말하는 아들에게 아버지는 말했습니다.

"네가 보려는 영화에도 약간의 개똥이 섞여 있음을 알아야지."

자신감

완고하고 고집이 센 사람과 자신감이 있고 결단력이 있는 사람은 크게 다릅니다. 완고한 사람은 현실에 타당한지에 상관없이 자기의 신념이나 주장을 굽히지 않는 사람입니다. 자신감이 강한 사람은 기본적인 검증을 거친 지식이나 신념을 바탕으로 확신을 얻은 후 단호하게 추진을 하는 사람입니다.

지난 20년 동안 미국의 선거 역사를 살펴보면 자신감 없이 대선에 뛰어든 후보들은 모조리 패배했습니다. 1988년 부시와 대결한 민주당 후보는 마이클 두카키스^{Michael Dukakis}였고 그의 러닝메이트는 텍사스 출신 로이드 벤슨^{Lloyd Bentsen} 상원의원이었습니다. 이들이 자신감도 없이 대선에 입후보한 증거는 쉽게 찾을 수 있습니다. 대통령 후보가 된 두카키스는 매사추세츠^{Massachusetts} 주지사였습니다. 그는 주지사를 사퇴하지 않고 대선에 임했습니다. 러닝메이트였던 벤슨 상원의원은 임기가 만료되자 부통령 후보와 동시에 텍사스 주 상원의원 재선에도 입후보했습니다. 대통령 후보와 부통령 후보가 다 현직을 유지하거나 상원의원 후보를 겸한 채 대선에 임했습니다. 두 사람 다 대선에 자신이 없었음이 분명합니다. 결과는 다 예측한 대로였습니다. 두카키스는 대선에서 패배하자 주지사로 되돌아가서 임기를 채웠고 벤슨은 부통령은 되지 못했지만 상원의원에는 당선되었습니다.

2000년 대선에서 민주당의 대통령 후보는 앨 고어$^{Al\ Gore}$였고 그의 러닝메이트는 인디애나^{Indiana} 주 출신인 조세프 리버먼$^{Joseph\ Lieberman}$ 상원의원이었습니다. 리버먼 상원의원도 부통령에 입후보하면서 동시에 상원의원으로 입후보했습니다. 이것만으로도 대선 승리에 자신이 없었다는 증거가 아니겠습니까? 자신감 없이 대선에 임한 고어/리버먼 팀도 백악관 진출에 실패를 했습니다.

자신감 없이 대선에 나서서 실패를 한 이런 역사에서 교훈을 얻지 못하고 대선에 나온 존 케리$^{John\ Kerry}$ 후보도 같은 실패를 했습니다. 케리 후보가 대선의 성공에 자신감이 강했다면 상원의원직을 사퇴했어야지요. 그는 상원의원직을 유지한 채 대선에 임하여 자신감 없는 후보라는 인상을 주었고 예측한 대로 낙선했습니다.

소니의 모리다 아키오^{盛田昭夫} 사장은 대형 스테레오 시대에 걸맞지 않는다는 주변의 반대의견에도 불구하고 트랜지스터라디오의 성공에 자신했습니다. 그런 자신감이 어떤 결과를 가져왔는지를 우리는 잘 압니다. 트랜지스터라디오 직후 출시한 워크맨의 성공도 굽힐 줄 모르는 모리다 사장의 자신감 덕분이라고 말할 수 있습니다. 그는 트랜지스터라디오의 개발을 반대한 의견들이 검증되지 않은 개개인의 의견에 불과했음을 잘 알고 있었던 것입니다.

문제 해결

한 청년이 새로운 직장을 얻기 위하여 어떤 회사에서 면접을 봤습니다. 면접관이 다음과 같은 질문을 했습니다.

"차를 운전하고 가다가 급히 차를 태워달라고 애원하는 세 사람을 보게 됩니다. 그중 한 사람은 죽어가는 할머니이고 또 한 사람은 과거에 당신의 생명을 구해준 은인이며, 나머지 한 사람은 당신이 지금까지 꿈으로만 그리던 이상형 같은 아가씨입니다. 당신의 차에는 한 사람만을 더 태울 자리가 있습니다. 이럴 경우에 어떻게 하겠습니까?"

그 청년은 이렇게 대답을 했습니다.

"저는 제 생명을 구해준 분에게 제 자동차의 열쇠를 주겠습니다. 그리고 할머니를 태우고 급히 병원으로 가라고 말하겠습니다. 그런 후에 제 이상형인 그 아가씨를 보호하며 함께 길을 걷겠습니다."

부의 상대성

한 남자가 하룻밤 사이에 백만장자가 되었습니다. 그는 너무도 신이 났습니다. 아침에 화장실에서 전등을 켜려고 스위치를 올렸습니다. 그런데 전등이 켜지지 않았습니다.

'정전인가?'

그래도 그는 콧노래를 부르면서 샤워를 하려고 물을 틀었습니다. 물이 나오지 않았습니다. 정전이 되어 있으니 전기 면도기를 사용할 수도 없었습니다. 아침식사를 만들려고 가스레인지를 켰습니다. 가스도 나오지 않았습니다.

이상하다고 생각하면서 밖으로 나가보았습니다. 시가지가 모두 멈춘 듯 조용했습니다. 신문 가판대도 텅 비어 있었고 신문 파는 사람도 없었습니다. 버스나 전차도 다니지 않았고 식당 문도 다 닫혀 있었습니다.

이게 어떻게 된 건지 영문을 몰라하는 그에게 한 노인이 지나가면서 말을 던졌습니다.

"이봐, 젊은이, 지난밤에 이 도시의 모든 사람들이 백만장자가 된 걸 모르오?"

망각의 축복

　사람의 이름이나 중요한 약속을 잊어서 난처했던 경험이 한번쯤
은 있을 것입니다. 이런 일로 늙어감을 한탄하는 분들도 많습니다.
뒤늦게 대학교에 등록한 아버지 학생들과 할아버지 학생들은 시험
준비를 할 때 기억력이 예전 같지 않다고 한숨을 쉬기도 합니다. 이
런 심리를 이용하여 기억력을 되살려준다는 '총명탕' 같은 약을 파
는 한의사도 있습니다. 그러나 정말로 기억하고 싶은 것은 누구나
기억합니다. 이름을 기억하지 못하면 그 사람이 그다지 중요하지 않
기 때문입니다.

　60대 후반에 접어든 한 친구가 기억력이 쇠퇴한다고 한탄을 했습
니다. 그때 제가 물었습니다.

　"돈을 꿔간 사람의 이름은 기억나요?"

　"물론이지요."

　"그것 봐요. 중요한 사람의 이름은 다 기억하고 있잖아요."

　아무리 이름을 잘 잊어버리는 사람도 첫사랑의 이름을 잊지는 못
할 것입니다. 그 사람이 지금 배우자가 아니라면 차라리 잊는 것이
나을 텐데 그러지 못합니다.

　망각은 축복일 수도 있습니다. 사랑하는 부모님이나 자식이나 배

우자와 사별할 때 가슴 저미는 슬픔과 아픔을 약간이나마 잊을 수 없다면 얼마나 힘들어지겠습니까? 실연의 절망감을 세월이라는 편리한 망각의 도구가 덜어주지 않는다면 어떻게 새로운 의지와 희망을 얻을 수가 있겠습니까?

망각은 잠을 잘 잘 수 있도록 해주는 축복일 수 있습니다. 중요한 것을 잊어서는 안 되겠지만 나에게 무심코 던져진 무례한 언행이나 악의적인 행동, 사기를 치고 잠적한 못된 인간들을 잊을 수가 있다면 건강에도 좋을 것입니다.

내게 청혼한 사람이 누구였을까

인생의 황혼에 접어든 노인 두 분이 계셨습니다. 한 분은 80이 넘은 할아버지이셨고 한 분은 역시 80이 넘은 할머니이셨습니다. 두 분은 교회와 노인정 등에서 자주 만났습니다. 1주일에 한두 번씩 만나서 식사도 같이하고 인생 이야기도 함께 나눴습니다. 하루는 두 분이서 근사한 식당에 갔습니다. 훌륭한 저녁식사를 하며 할아버지가 할머니에게 신중하게 물었습니다.

"우리 둘 다 오랫동안 혼자 살아왔습니다. 이제 같이 살아보지 않겠소?"

대답을 기다리는 할아버지에게 할머니는 미소를 지으면서 답했습니다.

"네, 네, 그러지요."

할머니의 대답에 할아버지는 흡족한 마음을 안고 집으로 돌아왔습니다.

그런데 가만히 앉아서 생각을 해보니 그 할머니가 좋다고 했는지 싫다고 했는지 기억이 나지 않았습니다. 아무리 생각을 해보아도 기억이 나지 않았습니다. 그래서 할아버지는 할머니에게 전화를 했습니다.

"저, 미안하지만 아까 내가 결혼하자고 말했을 때 나에게 좋다고 했는지 싫다고 했는지 기억이 나지 않습니다. 아까 식당에서 나에게 뭐라고 대답을 했습니까?"

그 말을 듣고 할머니가 말했습니다.

"내가 분명히 좋다고 했지요. 그런데 마침 전화를 걸어주셔서 다행입니다. 제게 청혼한 분이 누구였는지 생각나지 않아서 고민 중이었거든요."

치매 예방

쌍둥이를 포함한 1만 명 이상의 스웨덴 노인들을 대상으로 조사한 연구와 남플로리다 대학교^{University of South Florida}의 로스 안델 박사가 발표한 내용이 관심을 모았습니다. 복잡한 일을 많이 하면 치매를 예방할 수 있다는 내용이었습니다. 쌍둥이라 하더라도 복잡한 일을 많이 하는 형제나 자매는 그렇지 않은 쪽에 비해 치매에 걸리지 않거나 치매가 왔더라도 그 정도가 훨씬 가볍다는 것입니다.

복잡한 일이라고 해서 로켓 엔지니어링 같은 것을 말하는 것이 아닙니다. 주변에서 흔히 하는 일 중에도 복잡한 일이 많습니다. 고객과 효과적인 협의를 이뤄내기 위해 전략을 세우는 일도 이에 해당한다고 했습니다. 매출을 늘리기 위해 하는 여러 노력도 복잡한 일에 속한다고 했습니다. 그러니까 하던 일에서 완전히 손을 떼고 매일매일 도전 없이 생활하면 치매에 걸릴 확률이 높지만 사업을 하든지 사회봉사를 하든지 더 잘해보려고 연구하고 계획을 세우고 시행착오도 불사하는 열성으로 실천하면 성과와 상관없이 치매에 걸릴 확률이 낮아진다는 것입니다.

미국에 이런 속담이 있습니다. "Use it or lose it." 어떤 신체기관이든 사용하지 않으면 잃게 된다는 뜻입니다. 근육도 사용하지 않으면 쇠퇴하는 것과 마찬가지로 두뇌도 사용하지 않으면 쇠퇴하여 치매 현상을 겪게 된다는 이론이 맞는 것 같습니다.

앞서 말한 연구는 치매 예방책도 내놓았습니다. 나이든 사람에게 가장 위험한 것은 허무주의라고 합니다. "이제 나는 소용없는 인간이다"는 생각으로는 치매에 걸릴 가능성이 아주 높다고 합니다. 하지만 매일매일 계획하고 실천할 일이 있거나 좋아하는 음악을 듣고 리듬에 맞춰서 간단히 춤을 추거나 손뼉을 치면서 생활을 즐기면 허무감도 사라지고 잠자는 뇌세포를 깨워주어 치매를 예방하는 효과가 있다고 합니다. 또 치매가 왔더라도 악화되지 않는다고 합니다.

음악치료의 효과가 증명된 요즘은 치매요양소에서 연주가들이나 가수를 초빙하여 환자들에게 연주를 들려주는 곳이 많다고 합니다. 좋아하는 음악을 들으면 이미 죽어버린 뇌세포를 살리지는 못하더라도 잠자고 있던 뇌세포를 깨워주는 효과는 있다고 합니다. 자식도 몰라보는 치매 환자라도 자기가 좋아했던 노래가 연주되면 따라 부르는 경우가 많다고 하니 믿어볼 만한 제안 같습니다. 음악뿐만 아닙니다. 전문가들의 말에 의하면 좋은 미술품을 감상하는 것 역시 비슷한 효과를 보인다고 합니다.

음악이나 미술품을 감상하는 것 외에도 손발을 움직이는 활동도 치매 예방에 좋다는 사실은 이미 잘 알려져 있습니다. 뜨개질, 붓글씨 연습, 그림 그리기, 마이크를 직접 잡고 잘하든 못하든 노래솜씨를 과시해 보는 것도 치매를 방지하는 데 효과적인 활동입니다.

누구나 이 생을 접어야 할 때가 오지만 생을 마감하는 날까지 건강한 정신을 갖고 가능하면 주변의 친지나 가족에게 부담이 덜 되도록 스스로 노력하는 것이 중요하다는 생각을 해봅니다.

화는 악을 만들 뿐

여섯 사람이 도박판을 벌렸습니다. 한 판이 끝나자 그중 한 사람이 500달러를 잃었습니다. 그는 큰 충격을 받았는지 가슴을 움켜쥐고 푹 쓰러져 숨을 거두고 말았습니다. 나머지 다섯 친구는 그 친구가 죽었다는 소식을 누가 가족에게 전할 것인지를 놓고 고심했습니다. 그러자 한 사람이 자원을 했습니다.

"내가 저 사람의 가족에게 가서 이 슬픈 소식을 전하겠네."

그에게 다른 친구들이 당부했습니다.

"여보게, 유족이 지나치게 충격받지 않도록 신중하게 잘 말하게."

"염려 말게. 신중하게 말하는 거라면 나를 능가할 사람이 없을 걸."

그는 망자의 집에 도착하여 초인종을 눌렀습니다. 영문을 모르는 부인이 문을 열어주었습니다.

"저, 당신 남편이 도박을 하여 500달러를 잃었습니다."

그 말을 듣고 화가 치밀어 오른 부인이 말했습니다.

"그 사람 그 자리에 쓰러져 죽어버리라고 하세요."

찾아온 자원자는 신중하게 말했습니다.

"네, 알았습니다. 그 친구에게 그대로 전하겠습니다."

인간은 감정의 동물입니다. 울분 중에 하는 언행은 원하지 않는 해로운 결과를 초래하기 일쑤입니다. 그래서 성경에는 이런 말씀이 있습니다.

"분을 그치고 노를 버리며 불평하지 말라. 오히려 악을 만들 뿐이라." (시 37: 8)

행동과학자들은 가정에서나 직장에서 분노가 복받칠 때에는 아무런 말도 행동도 하지 말라고 충고합니다. 분노를 가라앉히는 최선의 방법은 강도 높은 운동입니다. 1, 2km 정도 빨리 걷거나 달리고 나면 분노가 상당히 사그라집니다. 수영도 좋은 방법입니다. 화가 자주 난다든가 작은 일에도 분이 치밀어 오르면 운동 부족임에 틀림없습니다.

화가 났을 때 언행을 참는 일이 쉽지는 않습니다. 그럴 때는 우선 신속히 밖으로 나가야 합니다. 30분이 걸리든 1시간이 걸리든 분노가 어느 정도 사그라졌을 때 돌아와서 차근차근 낮은 목소리로 대화하면 원치 않는 불상사는 일어나지 않을 것입니다.

목표가 중요하다

청년 두 사람이 사냥을 나가서 큰 사슴을 잡았습니다. 사냥을 끝내고 돌아가는 언덕길은 경사가 심하여 그 무거운 사슴을 끌고 가기가 힘들었습니다. 힘에 겨워 쩔쩔매는 두 청년을 보고 지나가던 다른 사냥꾼이 충고했습니다.

"이봐요, 청년들. 그 사슴을 반대쪽으로 끌고 가요. 그러면 뿔이 땅에 박히지 않으니까 끌고 가기가 훨씬 쉬울 것 아니겠소?"

그 말이 옳다고 믿은 두 청년은 사슴을 반대쪽으로 끌고 갔습니다. 한참을 가다가 한 청년이 말했습니다.

"역시 반대쪽으로 끌고 가니 훨씬 쉽구나."

그러자 다른 청년이 말했습니다.

"그래. 그런데 점점 우리 트럭으로부터 멀어지고 있는 것 같지 않아?"

청년 사냥꾼들은 반대쪽이라는 말을 반대방향으로 이해했던 것입니다. 언덕을 내려가는 일은 쉽겠으나 목표로부터 멀어진다면 유익할 것이 없습니다.

가치의 차이

한 심장외과 의사가 자동차를 고치려고 정비소에 왔습니다. 고급 차인데 엔진의 상태가 좋지 않다고 정비사에게 말했습니다. 정비사는 2시간 후에 차를 찾으러 오라고 했습니다. 의사는 고장난 차를 맡기고 돌아갔습니다. 2시간 후에 차를 찾으러 온 의사에게 정비사가 말했습니다.

"선생님의 자동차는 작동이 잘되지 않는 엔진 때문에 힘도 없었고 상태가 전반적으로 좋지 않았습니다. 그래서 밸브와 연료 호스를 갈고 엔진 상태를 조절했습니다. 이제 선생님의 자동차는 새 차처럼 상태가 좋아졌습니다. 그런데 여쭤어볼 것이 있습니다. 저는 사실상 선생님과 같은 일을 합니다. 저는 자동차 엔진을 고치고 선생님은 사람의 엔진을 고칩니다. 그런데 선생님은 저보다 몇십 배 많은 돈을 받지 않습니까? 도대체 그 차이를 이해하기 어렵습니다."

그 질문을 받고 심장외과 의사는 미소를 지으면서 말했습니다.

"선생이 나하고 같다고 말하려면, 엔진을 끄지 말고 켜둔 채로 고쳐보시오."

법정의 권위

작은 마을의 한 재판정에서 변호사와 검사 간에 팽팽한 입씨름이 벌어졌습니다. 먼저 검사가 연세 많은 할머니 한 분을 증인석에 앉혔습니다. 검사는 증인으로 나온 할머니에게 질문을 던졌습니다.

"당신은 저를 아십니까?"

할머니는 서슴지 않고 대답을 했습니다.

"아다마다. 지금은 검사가 된 당신을 나는 아기 때부터 알고 있지요. 솔직히 말하자면 당신은 나에게 실망을 준 사람이오. 거짓말도 잘하고, 아내를 속이고 외도했으며, 마을 사람들을 험담하고 다녔지 않아요? 당신은 서류나 뒤적여야 할 두뇌밖에 갖고 있지 않으면서 꽤나 중요한 사람이 된 것처럼 행동하는 저질 인간이 되었지요. 당신을 내가 아느냐고? 그래, 잘 안다니까요."

할머니의 대답에 검사는 입이 다물어지지 않을 만큼 놀랐고 수치심에 몸둘 바를 몰랐습니다. 혹시나 해서 검사가 물었습니다.

"피고를 변호하는 저 변호사도 아시나요?"

역시 할머니는 주저하지 않고 입을 열었습니다.

"아다마다. 저 변호사도 아기 때부터 내 알고 있습니다. 저 사람은 게으르기 짝이 없고 편견이 강하며 술을 많이 마시는 사람이지요.

사람들과 좋은 관계를 맺을 줄도 유지할 줄도 모르는 사람입니다. 그의 변호사 업무는 이 지방에서 최악입니다. 그뿐인 줄 아세요? 저 변호사도 아내를 속이고 세 여자하고 간통했는데 그중 한 여자가 바로 검사 당신의 아내였지요. 저 변호사를 아느냐고요. 아무렴, 아다마다."

할머니의 증언을 듣고 있던 판사가 검사와 변호사를 판사석으로 불렀습니다. 그리고 속삭이는 말로 두 사람에게 말했습니다.

"당신들 중에 누구라도 저 할머니에게 판사를 아느냐고 물으면 법정모독죄로 처벌하겠소."

랜스 암스트롱 만세

투르-드-프랑스^{Tour de France}는 체력의 한계를 시험하는 사이클경주입니다. 해마다 약간씩 다르지만 선수들은 21일간 총 3600여 km를 달리게 됩니다. 경부고속도로 서울~부산 간 거리가 385km인 점을 감안하면 투르-드-프랑스 경기에서 선수들이 달리는 총거리는 서울~부산 간 거리의 9배를 좀 넘습니다. 이 경주는 100여 년 전인 1903년에 시작되어 매년 열리고 있습니다.

2005년에도 33세의 미국인 랜스 암스트롱^{Lance Armstrong}이 우승을 했습니다. 이것으로 그는 7년 연속 우승의 기록을 세웠습니다. 투르-드-프랑스에서는 전대미문의 일이지요. 수년 전에 전립선암으로 대수술을 받고 그후 방사선 치료를 받으면서 쇠약해진 몸을 극복하고 이뤄낸 성취라 암스트롱의 이 기록은 더욱 빛나고 놀라운 것입니다.

그런데 그의 길이 찬사로만 가득했던 것은 아닙니다. 암스트롱이 프랑스를 질주할 때 프랑스 시민들은 욕을 하고 야유를 퍼부었습니다. 미국의 이라크 전쟁에 대한 항의라고도 볼 수 있지만 옛날부터 프랑스가 가지고 있는 반미 정서도 작용했겠지요.

7년 연승이라는 기록을 편하게만 받아들일 수 없었던 프랑스인들은 그에게 강도 높은 약물 검사를 요구했습니다. 암스트롱은 그간

수백 번의 약물 검사를 받았고 매번 약물 사용의 증거가 없다는 판결을 받았습니다.

그는 체격이 큰 편은 아니지만 폐활량이 보통 사람의 2배라고 합니다. 그렇기 때문에 오르막길에서 다른 선수들을 제쳐버릴 수 있는 겁니다. 투르-드-프랑스는 경기코스를 21개의 구간으로 나누어 매일 1개의 구간을 달린 후 쉬고 다음날 다음 구간을 달리는 방식으로 경기를 진행합니다. 매일 종합성적 1등의 선수가 노란 상의를 입고 달리는데 21번째인 마지막 구간 중간에 동료 선수들이 젖은 길에서 미끄러져 넘어졌습니다. 그 바람에 암스트롱도 하마터면 넘어질 뻔했습니다. 그렇지만 그는 거기서 균형을 잡아 넘어지지 않았고 결국 우승을 하게 된 것입니다. 그와 2등의 차이는 4분 30초 이상이었습니다.

그가 우승컵을 받을 때 그 옆에는 이혼한 아내와의 사이에 태어난 어린 아들과 세살 난 쌍둥이 딸이 함께했습니다. 그는 딸들을 안으며 감격의 눈물을 흘렸습니다.

암스트롱은 2005년 경기가 마지막이라고 선언한 바 있습니다. 그는 정상의 자리에서 은퇴하고 싶다고 말했고 그런 의도를 재천명했습니다. 그는 현재 우체국 직원인데 세계적인 명성으로 인하여 대기업에서 연설만 하고 다녀도 막대한 수입은 보장된 상태입니다. 또한 그를 광고모델로 삼으려는 회사들이 부지기수이기 때문에 일생 동안 수입에 관해서는 염려하지 않아도 될 것입니다.

암스트롱은 각 분야에서 진로를 개척하고 있는 수백 수천만 명의 청소년들에게 굳은 결심과 역경을 이겨낸 강인한 의지로 교훈을 주고 있습니다.

극적인 마무리

한 젊은 여자가 오랫동안 사귀어온 남자친구에게 물었습니다.

"나 예뻐?"

놀랍게도 남자친구는 이렇게 대답했습니다.

"아니."

기분이 상했지만 여자는 다시 물었습니다.

"나하고 죽을 때까지 같이 있고 싶어?"

이 질문에 남자친구는 똑같은 대답을 들려주었습니다.

"아니."

자존심을 꾹 참고 여자는 한 가지 질문을 더 했습니다.

"내가 네 곁을 떠나면 넌 울 거니?"

남자친구는 여전히 "아니"라고 대답을 했습니다. 결혼까지 생각했던 남자친구로부터 그런 냉담한 대답을 듣고 여자는 눈물을 흘리면서 자리를 떠나려고 했습니다. 그때 남자친구는 여자친구를 붙잡고 안아주면서 진지하게 말했습니다.

"넌 예쁜 정도가 아니라 기가 막히게 아름다워. 너하고 죽을 때까지 같이 있고 싶은 정도가 아니라 네 옆에 영원히 있지 않고는 내가 못 살아. 네가 내 곁을 떠나면 나는 우는 정도가 아니라 죽고 말

거야."

제가 은퇴하기 전에 근무했던 회사는 대기업이었습니다. 저는 한 프로젝트의 책임을 맡고 있었는데 예산보다 비용은 적게 사용하고 예정 기일보다 일찍 완료했습니다. 저희 프로젝트 팀을 칭찬하기 위하여 찾아온 부사장님이 직원들을 모아놓고 한 말을 잊을 수가 없습니다. 그 부사장님의 입에서 나온 첫 마디는 이것이었습니다.

"당신들은 일을 잘하지 않았습니다."

칭찬을 기대했던 직원들은 크게 실망했습니다. 그러나 그 다음에 이어지는 말에 직원들의 기쁨은 말할 수 없이 커졌습니다.

"당신들은 일을 잘하지 않았습니다. 당신들은 일을 훌륭하게 해냈습니다."

한국어로 번역을 해놓고 보니 실감이 잘 나지 않습니다만 영어로는 극적인 묘미가 있는 표현입니다.

"You have not done a good job. You have done a great job."

윈스턴 처칠^{Winston L. S. Churchill, 1874~1965}은 연설을 잘하기 위해서는 극적으로 끝맺을 줄 알아야 한다고 했습니다.

"나는 당신을 좋아하지 않아. 나는 당신을 사랑해."

"우리 회사는 당신을 채용할 수가 없습니다. 당신 같은 실력자라면 당신이 우리 회사를 채용해야 하겠습니다.”

　이렇게 말을 끝맺으면 그 효과가 배가 될 것입니다.

건강과 성공

건강한 신체와 건전한 마음은 직결됩니다. 사업을 경영하는 것은 올림픽에 참여하는 것과 비슷합니다. 올림픽을 준비하는 운동선수처럼 오늘날의 경영인들은 인내, 민첩, 끈기, 잔인할 정도로 공격해 오는 경쟁자를 상대할 지능, 전 세계를 누비고 다닐 강인한 체력, 그리고 격전에 뛰어들 용기 등을 갖춰야 합니다. 그래서인지 운동에 성공한 사람들이 사업에도 성공을 거두는 경우가 많습니다.

농구의 황제 마이클 조던^{Michael Jordan}은 자기의 이름을 상표로 하는 나이키 운동화와 계약하여 5억 달러를 벌었습니다. 미국의 청소년들은 조던의 이름이 적힌 나이키 운동화를 선호하여 조던은 자신의 이름으로 떼돈을 번 것입니다.

ING라는 회사는 미국 내에서는 굴지의 금융회사입니다. 그렇지만 이 회사의 본사는 네덜란드에 있습니다. ING의 CEO였던 이월드 키스트^{Ewlad Kist}는 올림픽 하키 선수 출신입니다. 그는 CEO로 재직하는 동안에 마라톤 경기에 6번 참가했습니다. ING가 뉴욕 마라톤, 브뤼셀 마라톤 및 암스테르담 마라톤 대회의 스폰서가 된 이유를 알 만합니다.

최근에 부시 대통령은 투르-드-프랑스의 7년 연속 우승자인 랜스 암스트롱을 크로포드^{Crawford} 목장에 초청하여 함께 17마일을 자전거로 달렸습니다. 부시 대통령은 역대 대통령 중에서 가장 신체단련이 잘된 대통령이라고 알려져 있습니다. 그가 어디를 가든지 아침마다 조깅을 하는 일과는 잘 알려져 있습니다.

지금 만 79세인 미국의 연방제도 이사회 회장인 앨런 그리스펀^{Allen Greenspan}도 고령임에도 불구하고 테니스를 열심히 그리고 규칙적으로 치는 걸로 유명합니다.

존 맥케이는 호울푸드마켓이라는 큰 회사의 CEO입니다. 그는 2002년에 5개월간 무보수 휴가를 내서 메인^{Maine} 주부터 조지아^{Georgia} 주까지 뻗어 있는 애펄레이차^{Appalachia} 산맥을 완주하기도 했습니다.

이외에도 카터 전 대통령, 클린턴 전 대통령은 모두 철저한 아침 조깅으로 유명한 인사들입니다.

시골의 시간, 도시의 시간

현대인은 모두 바쁩니다. 편리한 시설과 자동장치가 수없이 발명되었지만 우리들의 생활은 더욱 바빠지는 것 같습니다. 돌이켜보면 5, 60년 전의 삶이 더 여유 있었던 것 같습니다. 자가용은 물론 없고 버스도 하루에 한두 번 와주는 시골생활이었지만 시간에 쫓기는 생활은 아니었습니다. 미국의 시골도 마찬가지입니다.

아이다호^{Idaho} 주 북동부의 아주 작은 시골에 친구 한 사람이 살고 있습니다. 그는 수백 마리의 소를 기르는 목장을 하고 있습니다. 그의 집에서 하룻밤을 묵은 적이 있었습니다. 그곳에는 겨울에 눈이 많이 오기 때문에 겨울에는 소들에게 건초먹이를 주는 일 외에는 별로 하는 일이 없었습니다.

젖소 한 마리로부터 집에서 먹을 우유를 짜서 얻고, 가을에 추수한 모든 과일은 수십 개의 유리병에 잘 저장해 두었다가 수시로 꺼내 먹습니다. 친구는 말을 타고 목장을 하루에 한두 번 돌아보는데, 잘 훈련된 두 마리의 개가 주인이 원하는 대로 소 떼를 몰아줍니다.

일상생활에 필요한 대부분의 채소도 목장에서 기르고 물은 지하수를 끌어올려 사용하고 있으며 오븐이나 난방용 난로는 다 나무로 불을 때서 씁니다. 그곳은 산림이 무성한 지역이라 큰 트럭을 몰고 나가 쓰러진 고목을 하루만 실어오면 겨울 내내 연료 걱정은 없다고 했습니다. 또 1주일에 한번 소 한두 마리를 트럭에 싣고 경매장에 나가 팔면 그 다음 경매까지 사용할 충분한 생활비가 마련된다고 친구는 설명했습니다. 가족끼리 TV도 보고 DVD로 재미있는 영화도 보면서 소박하고 한가하게 생활하고 있는 그 친구는 스트레스라는 것이 무엇인지 모르면서 살고 있는 것 같았습니다.

그들은 그런 전원생활에 익숙해 있었지만 저는 바쁜 도시생활이 더 좋습니다. 도시에서는 주말을 빼놓고는 모두 매일 바쁘게 일합니다. 가정이나 직장이나 할 일이 태산 같습니다. 분초를 다투며 행동하지 않으면 낙오하거나 자신이나 주변 사람들에게 불이익을 가져올 수가 있습니다. 그렇게 생활을 하다보면 스트레스를 받는 일이 많습니다. 스트레스는 병을 유발하고 병원 신세를 지게 만듭니다. 거기에다 교통체증은 날로 악화되고 있으며 중범죄에 관한 뉴스가 언론매체를 채우고 있습니다.

이런 도시생활 속에서도 망중한의 생활을 할 수가 있습니다. 시간에 쫓기지 않고 시간을 관리하면 바쁜 일과 중에도 여유로움을 느낄수가 있습니다. 또 스트레스를 전혀 받지 않거나 최소한으로 줄일수가 있습니다.

제일 먼저 전자수첩이나 PDA를 하나 마련합니다. PDA에는 휴대전화, 사진기, 수첩, 일과와 약속시간 저장하고 알려주기, 계산기, 전자우편 송수신 등등 여러 기능이 있습니다. 윗옷 주머니에 넣고 다닐 만큼 작은 장치이지만 이것만 있으면 약속을 잊어 변명하고 사과하느라고 쩔쩔 매는 경우는 거의 없게 됩니다.

다음날 해야 할 일에 대한 모든 준비는 자기 전에 해두는 습관을 기르면 아침에 서둘 필요가 없어집니다. 다음날 필요한 서류를 자기 전에 챙겨두고 중요한 일과는 전자수첩이나 노트에 기록해 두면 스트레스 없이 하루를 시작할 수가 있습니다.

이 중에서도 아침에 일찍 일어나는 습관이 시간 관리에서 제일 중요합니다. 여유가 있으면 스트레스를 받지 않을 것이고 시간을 관리할 수 있다는 자신감도 생기게 마련입니다.

돈을 모으려면 집을 먼저 사라

다 나름대로 사정이 있겠지만 아직도 집을 사지 않고 세를 사는 사람들이 많습니다. 저도 38년 전 샌디에이고에서 침실 네 개짜리 집을 샀을 때 집값이 1만 4천 달러였습니다. 4천 달러를 선지불로 요구하는 매매계약을 마치고 난 후 아내와 말다툼했던 기억이 새롭습니다. 적은 봉급에 "어떻게 대출금을 갚아나가려는가"가 말다툼의 주제였습니다. 그때 과감히 집을 사지 않았더라면 그 후로도 한참을 가난하게 살았을 것입니다. 아내도 훗날에는 그때 집을 사길 잘했다고 여러 번 동의하곤 했습니다.

미국 연방준비이사회^{FRB}의 조사에 의하면 연수입이 동일할 경우 자기 집을 소유한 가구의 부의 규모가 그렇지 않은 가정에 비하여 10배에서 50배 더 크다고 합니다.

부동산 사업의 전문가인 데이비드 바흐^{David Bach}는 집의 구매에 관해 다음 네 가지 원칙을 제시했습니다.

1. 구매한 집에서 최소한 3년을 살게 되는 경우에만 집을 사라.
2. 자기 소유의 집에서 살 심리적인 준비가 된 후에 집을 사라. 아파트에 세 들어 살 때는 이웃이 싫거나 주변이 지나치게 시끄러

우면 집 주인에게 나가겠다고 통보하고 나가면 되지만, 집을 소유하면 이웃으로부터 받는 불이익이나 문제점을 떠나는 것으로 해결하기는 힘들어진다.

3. 가능하면 조건부 양도증서 말고도 최소한 두 번의 주택담보대출금을 갚을 수 있을 만큼의 현금을 예금구좌에 남겨둘 수 있을 때 집을 사라. 예상치 못했던 수리나 개조 사항이 생길 것에 미리 대비하라.

4. 신용카드 같은 자잘한 부채를 깨끗이 정리한 다음 집을 사라. 자잘한 신용카드 부채가 있다는 것은 무절제하게 돈을 썼다는 증거다. 신용카드 부채를 없애기란 쉽지 않은 일이다. 완전히 청산할 수가 없다면 최소한 더 늘지 않도록 만들어라.

돈을 많이 번다고 부자가 되는 것이 아닙니다. 그보다는 낭비성 소비를 없애는 일이 더 중요합니다. 근검한 예산 생활을 습관화하면 집을 살 수 있는 시기도 앞당길 수 있고 그렇게 되면 부를 축적하는 속도도 빨라질 것입니다. 웬만하면 집을 사는 일을 미루지 말기 바랍니다.

Management

사람으로 시작해 사람으로 끝난다

3M과 썬 마이크로시스템즈의 철저한 고객 관리

썬 마이크로시스템즈를 15년간 이끌었던 에드워드 잰더[Edward Zander] 회장은 모토롤라[Motorola]에 발탁되어 CEO로 부임을 했습니다. 모토롤라는 연간 매출액이 35억 달러에 이르며 직원 수는 약 8천 명이나 되는 큰 회사입니다. 그의 경영철학은 하나부터 열까지 고객중심이라는 철저한 신념 위에 세워졌습니다. 그는 직원들에게 이렇게 선포했습니다.

"한 사람의 고객이라도 잃는 직원은 회사로 돌아오지 마라."

잰더 회장은 취임하자마자 고위급 참모들을 대동하고 고객들을 방문하기 시작했습니다. 모토롤라의 제품을 시용하는 베리존[Verizon] 같은 회사들을 직접 찾아가서 의견과 건의사항을 들었습니다. 혹시 모토롤라가 납품일자를 어긴 적이 있었는지, 품질에 문제가 있었는지 일일이 알아보았습니다. 회장으로서 그는 고객사의 간부들을 수시로 만나서 친분관계를 맺거나 돈독히 하는 일에 노력을 경주했습니다.

3M도 한때는 사세가 기울어지던 시기가 있었습니다. 회사가 문을 닫아야 할 지경에 놓였을 때 3M을 구출하여 번영을 가져다준 장본

인은 윌리엄 맥나이트^{William McNight}라는 사람이었습니다. 그는 처음 보조 회계사로 3M에 입사해 비범한 능력을 인정받아 결국 3M의 회장이 되었습니다. 맥나이트 회장도 잰더 회장처럼 고객사를 직접 방문해 3M의 제품을 사용하는 말단 직원들로부터 폭넓은 의견을 수집했습니다. 그리고 그 모든 건의사항을 경전처럼 귀중하게 받아들여 제품을 향상했습니다.

고객을 귀하게 여길 뿐만 아니라 고객이 귀하게 여겨지고 있다고 느끼도록 하는 조치도 중요합니다. 한번은 어린 외손자를 데리고 치과에 들른 적이 있었습니다. 그 치과의 응접실 겸 대기실에 들어서자 바로 눈앞에 커다란 게시판이 있었습니다. 그 게시판에는 손자의 이름이 적혀 있었고 담당 의사가 손자 녀석을 환영한다는 메시지가 적혀 있었습니다. 비록 어리지만 자기 이름을 읽을 줄 알았던 손자는 그걸 보고 무척 좋아했습니다.

제가 살고 있는 지역에 하와이식 음식점이 있습니다. 주인은 하와이에서 오래 산 한국인입니다. 주인 아주머니는 주방장이기도 합니다. 아주머니는 바쁜 와중에도 꼭 식탁을 돌면서 음식이 어떤지 손님들에게 일일이 묻습니다. 음식을 기다리는 동안에는 바나나 빵과 삶은 땅콩을 줍니다. 아이들을 데리고 온 손님에게는 식당을 나올 때 바나나빵 한 덩이를 선물로 줍니다. 이런 접대로 인하여 우리 가족들은 그 식당을 일주일에 한두 번씩은 꼭 찾아갑니다. 아이들이 그 식당에 가자고 하니 부모로서 아이들의 청을 거절하기 어렵겠지요. 주인 아주머니의 이런 배려 때문인지는 몰라도 그 식당엔 항상 손님이 많습니다.

겉으로 보이는 고객 접대도 중요하지만 고객에 대한 자료도 쉬지 않고 수집해야 합니다. 매일 판매되는 품목과 수량, 고객의 인종적·연령적 특성, 방문 빈도, 주로 보는 신문이나 방송, 선호 품목 등을 기록하고 분석하면 업체가 성장하기 위하여 나아갈 길이 보이게 마련입니다.

작은 변화, 커다란 차별화

경쟁이 심한 경제 무대에서 세상을 놀라게 하는 차별화를 꾀하는 것은 쉽지도 않고 무리일 수도 있습니다. 그렇지만 주변을 잘 살펴보면 작은 일 하나로 업체의 이미지를 바꿔놓는 곳을 발견할 수가 있습니다.

제가 이번에 수원에서 흥미로운 경험을 했습니다. 수원에서 잘된다는 한 빵집에 들렀는데 역시 손님이 많았습니다. 제 친구가 빵을 9천 원어치쯤 사서 계산대에 내놓았더니 돈을 받는 분이 말하기를 빵을 만원 이상 사는 손님에게는 복권을 한장 준다는 것이었습니다. 말할 것도 없이 제 친구는 조금 더 사서 만 원을 채웠고 복권 한 장을 받았습니다. 복권 가격이 얼마인지는 몰라도 그렇게 받은 복권이 당첨되면 수십억 원을 탈 수 있다는 약간의 기대감이 그 빵집으로 손님의 발길을 돌리는 역할을 한다는 사실을 무시할 수 없을 것입니다.

서울의 삼성동 아셈센터 지하상가에서도 재미있는 장면을 보았습니다. 한 식당에 들렀는데 입구에 기다리는 손님이 장사진을 이루고 있었습니다. 음식 맛은 적당했고 서비스도 그리 특출하지는 않았습니다. 단 한가지 눈에 띄는 점이 있었다면 계산기 옆에 빠삭빠삭하는 새 지폐를 부채모양으로 펼쳐놓고 손님에게 잔돈으로 거슬러주는 장면이었습니다. 작은 일 같지만 새 지폐를 받고 기분이 좋지 않을 손님은 없을 것입니다.

이런 노력은 꼭 대기업이나 업주만이 할 수 있는 것은 아닙니다.

어떤 항공사의 수하물 운반직원은 승객의 가방에서 떨어진 수하물 명찰을 일일이 주워서 거기에 적힌 이름과 주소로 그 항공사를 이용해 주어서 감사하다는 편지를 써서 보내 따뜻한 감동을 준 적이 있습니다.

한 식품점 안에 있는 화원에서 생생하지만 떨어져 팔 수 없게 된 꽃을 버리지 않고 가게에 들어오는 어린 소녀나 할머니의 옷깃에 달아주었습니다. 가게의 분위기가 좋아진 것은 말할 필요도 없고 고객의 기분이 밝아져 가게에 대한 호감이 높아졌습니다. 단골이 더 늘겠지요.

어떤 회사의 간부는 직원들에게 어떤 일을 지시하는 메모를 보내면서 꼭 작은 여행용 휴지를 넣어서 보냅니다. 직원들은 상사로부터 받는 지시가 덜 부담스러울 것입니다.

미국 동부에 있는 한 식품점에서 물건을 담아주는 일을 하는 어떤 지능장애자 청년은 아버지로부터 간단한 컴퓨터 지식을 배워 '오늘의 좋은 생각'이라는 제목으로 좋은 글을 모아 인쇄해서 식품점 봉투에 한 장씩 넣어주었습니다. 그 청년이 일을 하는 줄에는 다른 곳보다 세 배 정도 많은 손님들이 줄을 선다고 합니다. 짧은 줄에 오라고 해도 손님들은 그 청년으로부터 '오늘의 좋은 생각'을 받기 위하여 줄을 옮기지 않는다고 합니다. 그 청년의 작은 정성으로 식품점 고객의 수도 늘었다고 합니다.

　일상의 모든 행동과 근무 과정에서 잘 생각해 보면 다른 사람들과 차별화할 수 있는 작은 아이디어를 찾아낼 수 있을 것입니다. 고객의 마음을 즐겁게 해주는 작은 일들이 큰 결과를 가져온다는 사실을 명심하기 바랍니다.

고객과의 관계가 성패를 좌우한다

 어떻게 하면 침체나 더딘 성장에서 벗어나 사업이 더욱 잘되도록 할 수가 있을까요? 우선 사업의 변천과정을 이해하는 것이 급선무입니다.

 50년 전만 해도 업계는 상품 위주의 풍토였습니다. 물건이 귀하던 시대였기 때문에 만들어만 놓으면 소비자들이 줄을 서다시피 했습니다. 그러다 점점 경쟁이 심해지자 판매를 강조하는 시대가 왔습니다. 1950년 이후 약 30년간은 판매를 잘하는 개인이나 회사가 성공했습니다. 교육도 훈련도 판매 위주였습니다.

 그러나 소비자들의 견식이 높아지면서 판매 위주의 방식은 변하지 않을 수 없게 되었습니다. 좋은 상품을 적정한 값으로 많이 파는 것은 소비자와 기업이 다 승자가 되어 문제가 없습니다. 하지만 소비자가 그다지 필요로 하지 않거나 만족스러워하지 않는 상품을 판매 기술만을 이용하여 많이 팔면 결과적으로 불만을 품은 소비자들을 많이 배출하게 되고 그런 상품을 제조ㆍ유통하는 기업은 사양길을 면하기 어렵게 된 것입니다.

 판매 위주의 사업이 소비자들의 도전을 받게 되자, 이젠 마케팅 위주의 사업이 자리를 잡기 시작했습니다. 1980년대부터 20세기 말까지가 이런 시대였습니다. 판매 위주의 사업이 상품을 어떻게 해서든 지 소비자들의 손에 넘기고는 나 몰라라 하는 방식이라고 한다면, 마케팅 위주의 사업은 상품이 계획 단계부터 소비자들의 손에서 수명을 다하기까지 책임을 지는 방식이라고 하겠습니다.

21세기는 관계 위주의 사업 시대라고 할 수가 있습니다. 이제는 고객이 한번 들러주는 것만으로는 안 됩니다. 다시 찾아오지 않으면 그 사업은 실패했다고 봐야 합니다. 고객을 단골로 만들려면 업체나 업주와 고객 사이에 영속적인 관계가 수립되어야 합니다. 일회용 친절과 표면적인 우대만으로 그런 관계를 만들기는 어렵습니다. 고객과 끈끈한 관계를 수립하려면 고객이 원하는 것이 무엇인지를 정확하게 파악해야 합니다. 그런데 이것이 그렇게 쉽지가 않습니다. 표현되는 기대가 있는 반면 표현되지 않는 기대도 있고 심지어는 고객스스로도 인식하지 못하고 있는 기대도 있기 때문입니다.

음식점을 예로 들어보겠습니다. 대개 남자는 덜 익은 김치를, 여자는 잘 익은 김치를 선호합니다. 이런 선호도를 미리 알고 있다면 잘 익은 김치와 좀 덜 익은 김치 중 어떤 것을 선택할지 미리 물어볼 수 있겠습니다. 흰밥과 현미잡곡밥을 따로 선택할 수 있게 할 수도 있겠지요. 또 간을 스스로 맞추는 것을 선호하는 고객들을 위해 조리부터 서빙까지 프로세스를 바꿀 수도 있을 겁니다. 화학조미료[MSG]를 섭취하면 건강에 좋지 않다고 믿거나 알레르기가 있는 고객들을 위해서는 조미료가 들어가지 않은 음식을 택할 수 있도록 할 수도 있습니다. 이렇게 건강을 염려하는 고객들에게는 나트륨 함유량이 적은 간장을 제공할 수도 있겠지요.

고객을 진심으로 위한다면 개선할 부분은 끝이 없습니다. 미국에는 로밍 텔러^{roaming teller}(돌아다니면서 급한 고객들을 도와주는 은행원)를 배치하는 은행이 속속 늘어가고 있습니다. 그뿐이 아닙니다. 고객이 들어오면 원하는 창구에까지 안내하며, 비가 오면 차에서부터 우산을 받쳐주고, 심지어는 주 7일 근무하는 은행도 생겼습니다. 이 모두가 고객과 영속적인 관계를 수립하기 위한 새로운 전략에서 비롯된 것입니다.

9·11 사태로 인하여 대부분의 항공사가 손해를 보고 사업규모를 축소했지만 젯블루는 같은 해에 유례없는 이익을 냈고 수천 명의 직원을 채용했습니다. 좌석마다 무료로 생방송을 볼 수 있는 TV 수상기를 설치했을 뿐만 아니라, 기항로가 싼 주변 비행장을 이용함으로써 항공료를 아주 저렴하게 했습니다. 이 때문에 다른 항공사도 함부로 항공료를 인상하지 못하니 젯블루는 모든 항공 이용객들을 돕고 있다고 해도 과언이 아닙니다.

고객이 무조건 이기게 하라

어느 업체든지 고객만족에 사업의 성패가 달려 있습니다. 그러므로 고객의 불평을 잘 해결하는 업체는 성공을 하고 그렇지 못한 업체는 실패를 겪게 됩니다. 대부분의 경영 전문가들은 고객 불평을 해결하기 위하여 다음과 같은 절차를 권합니다. 자동차 정비소를 예로 들어보겠습니다. 자동차의 새 카펫에 때를 묻혀놓았다고 불평을 하는 고객이 있다고 합시다.

첫째, 잘못을 인정하고 즉시로 사과합니다.

불평을 하는 고객 중에서 약 60%는 업주로부터 사과를 받는 것만을 원한다고 합니다. 그렇지만 불평 고객 중에서 5%만 사과를 받는 것이 현실입니다. 자동차의 카펫에 때를 묻혀놓았다고 불평을 하면 "죄송합니다, 카펫에 때를 묻혀놓았다니 주소를 주시면 정비사를 보내 즉시 때를 제거해 드리겠습니다"라고 말하면 고객의 노여움은 풀어집니다.

둘째, 고객의 해결책에 동의를 표합니다.

해결책을 먼저 말하기 전에 고객에게 발생한 문제를 어떻게 해결했으면 좋겠냐고 물어보는 것도 권할 만합니다. 통계적으로 보면 고객이 원하는 해결책은 업주가 해결하려는 방법보다 비용이 덜 든다고 합니다. "저희들의 실수에 깊이 사과드립니다. 그 문제를 해결하기 위하여 저희들이 어떻게 하면 좋겠습니까?" 하고 고객의 생각을 먼저 물어보십시오.

셋째, 불만의 원인을 제거하는 일은 신속하게 합니다.

얼마나 신속히 고객의 불평을 해소하는가에 고객의 만족도가 달려 있습니다. 위의 예에서 일주일 정도 기다리게 한 다음 카펫의 때를 제거해 준다면 그 고객은 절대로 단골이 되지 않을 것입니다.

넷째, 그런 불평이 반복되지 않도록 합니다.

실수를 저지른 정비사에게 철저한 주의와 경고를 주고 고객에게는 그런 실수가 다시는 없도록 어떤 대책을 강구했는지를 가능하면 서면으로 알려주는 것이 좋습니다. 그렇게 함으로써 고객은 한번의 실수를 너그럽게 받아들이고 계속해서 그 가게를 다시 찾아올 것입니다.

"언쟁에서 고객에게 이기는 자는 어리석은 자"라는 말이 있습니다. 언쟁에서 이겼다 하더라도 고객이 떠나버리면 결국 손해를 보는 것 아니겠습니까? 겸손은 사업을 성공으로 이끌지만 교만과 오단은 사양길로 가는 지름길입니다. 미국의 모범기업으로 꼽히는 노스트롬Nordstrom 백화점에서는 상품을 반환하러 오는 고객에게 영수증을 요구하지 않습니다. 자기 상점에서 사지 않은 상품이라도 고객이 원하면 교환이나 환불을 해줍니다. 노스트롬은 고객의 잘못을 증명하려 하지 않으며 고객의 주장을 믿어줍니다.

　　고객의 정직성에 의심이 가도 그 자리에서는 극진한 예우로 고객을 대해야 합니다. 고객을 보낸 후에 담당 직원에게 의심되는 고객의 신상을 넘겨주면 법무를 담당한 직원이나 변호사는 정직성이 의심스러운 고객을 조사하여 사법처리 하거나 사기한 액수를 변상받으면 됩니다. 그렇기 때문에 고객을 직접 대하는 직원은 절대로 고객을 의심하는 인상을 주어서는 안 됩니다.

　　홈 디포^{Home Depot}나 랜즈엔드^{Land's End} 같은 업체에서도 딴 업체에서 구매한 상품을 교환 내지 환불해 달라고 하면 접객 직원은 고객의 말을 우선 들어줍니다. 고객이 업체를 속여서 한 번쯤은 그런 술수를 쓸 수가 있겠으나 그 고객의 신상은 전산화되어 기록에 남게 되므로 그런 행위를 반복하다가는 덜미를 잡히기 십상입니다. 고객에게는 우선 져주는 것이 좋은 상술임을 항상 염두에 두어야 하겠습니다.

불만 고객은 한 명도 너무 많다

일반적으로 26명의 불만 고객 중에서 정식으로 불만을 피력하는 고객은 단 한명뿐이라는 통계가 있습니다. 어떤 기업체든 사양길로 몰고 가는 데 가장 큰 영향을 미치는 요소는 불만 고객의 증가입니다.

로스앤젤레스의 윌셔^{Wilshire}가에서 가장 높은 건물의 1층에 한국 사람이 하는 은행의 한 지점이 있습니다. 그 지점의 지점장은 40을 넘긴 한인 여성입니다. 그 지점에는 한 가지 독특한 점이 있습니다. 지점장의 책상이 문에 들어서자마자 바로 입구에 있고 그 지점장은 그곳에서 집무를 한다는 것입니다. 처음 그 지점을 찾은 고객은 수위처럼 입구에 책상을 놓고 앉아 있는 사람이 지점장인줄을 모릅니다.

제가 지점장에게 왜 입구에서 집무를 하느냐고 물었더니 다음과 같은 교훈이 담긴 대답을 들려주셨습니다.

"저는 우리 지점을 출입하시는 모든 손님들을 제일 먼저 보고 제일 나중에 봅니다. 나가는 손님 중에서 간혹 기분이 상한 듯해 보이는 손님이 계시면 즉시로 그분을 따라 나갑니다. 그러고는 혹시 저희들이 뭔가 잘못한 점이 있는가를 묻고 기어이 그분의 불만을 해소합니다."

이 지점장처럼 불만 고객은 단 한명도 배출하지 않겠다는 신념을 갖고 손님을 대하는 업체는 반드시 성장할 것입니다.

또 어떤 창업주를 만난 적이 있습니다. 그분은 창업한 후 1년 동안 어려운 일도 많이 겪었다고 했습니다. 그러나 단 한명의 불만 고객도 있어서는 안 된다는 신념으로 불만을 해소하는 일에 진력했다고 했습니다. 불평하는 손님이나 표현은 않지만 불만을 가진 손님이 있다는 정보를 받으면 1시간이라도 마다 않고 가서 직접 그 손님을 만나 기어이 오해나 불만을 풀어드렸다고 했습니다. 그런데 기이한 일이 생기더랍니다. 노여워했거나 불만을 가졌던 분이 그 불만을 풀어드리니까 10명 정도의 새 손님을 데려오더라는 것입니다.

사업을 잘하여 돈을 버는 일은 테니스를 치는 것과 같습니다. 테니스 선수가 점수판에만 신경 쓰면 테니스도 잘 못 치고 점수도 올라가지 않습니다. 그러나 점수판은 보지 않고 경기에만 집중하면 테니스도 잘 치게 되고 점수도 올라가게 마련입니다.

마찬가지로 돈 버는 데만 지나치게 신경 쓰다가 고객 관리를 잘못하면 돈도 잘 안 벌리고 손님도 놓치기 십상입니다. 그러나 위에 말씀드린 분들과 마찬가지로 고객의 불만을 뿌리째 뽑아버린다는 각오로 고객 관리를 철저히 하면 사업도 잘되고 찾아오는 손님도 늘어날 것입니다.

장사가 안 되는 집엔 반드시 이유가 있다

　춘추시대 송나라에 술을 파는 집이 있었습니다. 그 집에서 만든 술은 맛도 좋았고 가격도 비싸지 않았습니다. 주인도 손님에게 친절했습니다. 그런데도 장사가 잘되지 않았습니다. 장사를 좀더 잘해보려고 술집 주인은 술을 판다는 표지를 높이 달아 멀리서도 볼 수 있게 했습니다. 그럼에도 불구하고 손님이 늘지를 않아 팔지 못하는 술은 시어져서 내버려야 할 지경에 이르렀습니다.

　술집 주인은 하는 수 없이 옆 마을에 사는 식견이 높은 노인을 찾아가 왜 술장사가 잘되지 않는지 물어봤습니다. 그 노인은 말했습니다.

　"그거야 당신네 집 개가 사납기 때문이지요."

　그러자 술집 주인이 물었습니다.

　"개가 사나운 것과 술장사와 무슨 관계가 있습니까?"

　현명한 노인은 차근차근 설명을 해주었습니다.

　"당신의 개가 사나우면 누가 술을 사러 당신의 집에 가겠소? 아이에게 술 주전자를 들려 술을 사러 보내는 집이 많은데, 개가 왕왕 짖어대며 아이를 물 듯이 요란을 피우면 술을 사러 간 아이는 도망갈 것 아닙니까? 당신의 술이 팔리지 않는 이유는 그 개 때문입니다."

위의 고사가 말해주듯이 장사가 잘 안 되면 그 원인을 파악하는 일
이 급선무일 것입니다. 미국에서 한국인들이 하는 여러 업체를 방문
하여 관찰한 바에 의하면 장사가 잘 안 되는 집엔 다음 이유 중에 해
당되는 것이 있었습니다.

1. 고객을 기다리기만 하는 업소는 장사가 잘될 수가
없습니다. 고객을 찾아나서는 적극적인 태도가 우선적으로 필
요합니다. 손님이 없다고 업소에서 신문이나 읽고 있거나 TV를
시청하는 행위는 절대 금물입니다. 고객을 찾아나서는 방법은 많
지만 우선 직접 편지를 보내거나 전화를 하고 조그마한 광고라도
지속적으로 해야 합니다.

2. 업소의 환경을 정갈히 하여 찾아오는 고객에 호감
을 주도록 해야 합니다. 특히 화장실이 악취가 나거나 낙서
로 지저분하게 되어 있으면 고객은 불쾌감을 갖게 될 것입니다.
위생이나 청결에 신경 쓰지 않는 업소는 그 업소에서 판매하는 상
품이나 서비스에 대해 신뢰를 얻기가 어렵습니다.

3. 직원들의 교육과 훈련이 부족하면 고객들에게 호
감을 주기 어렵습니다. 고객의 만족을 추구할 것이 아니라
먼저 고객을 감동시키는 태도를 함양하는 훈련을 게을리 하지 말
아야 할 것입니다.

4. 찾아오는 고객과 친분을 맺으려는 노력이 중요합니다. 어떻게 해서든지 고객의 명함을 얻어서 수시로 그 고객과 접촉해야 합니다. 가능하면 차라도 한잔 같이 마시면서 고객과 친해지고 그 고객에게 유익한 정보를 주도록 노력해야 합니다.

5. 주중 7일 하루 24시간 어느 때고 통화할 수 있는 전화번호를 고객에게 알려줘야 합니다.

6. 고객의 의견을 상시로 수집해야 합니다. "고칠 점이 있으면 말씀을 해달라"는 요청을 고객들은 좋아합니다.

개를 그냥 둔 채 아무리 술을 잘 만들고 광고를 한다 해도 효과는 없을 것입니다. 고객이 싫어하는 원인을 제거하는 데에 각별한 주의가 필요합니다.

단골을 만드는 9가지 행동강령

새로운 고객을 얻는 것은 기존 고객을 유지하는 것보다 5배의 노력과 자원을 요한다고 합니다. 그러므로 한번 고객을 단골 고객으로 만드는 일이 사업의 생명이라고 해도 과언이 아닙니다. 다음은 단골 고객을 만드는 행동강령 9가지입니다.

첫째, 감사편지를 보내십시오.

비싼 상품을 사간 고객에게나 별로 비싸지 않은 상품을 사간 고객에게나 모두 감사의 서신을 보내는 것을 잊지 말아야 합니다. 이 점을 소홀히 하는 경우가 태반입니다. 바쁘다는 것은 변명거리가 되지 못합니다. 몇줄 안된다 하더라도 감사편지는 고객에게 어떤 감동을 줄 것입니다. 왜냐하면 그런 편지를 보내는 판매자는 그리 많지 않기 때문입니다.

미국의 한 항공사 기장은 비행기가 정상 고도에 도달하면 컴퓨터에 수록된 승객의 명단을 열어보고 시간이 허락하는 한 몇분의 승객에게 자기 항공사를 이용해 주어서 감사하다는 편지를 써서 직접 전달하거나 승무원을 시켜서 전달합니다. 기장으로부터 감사편지를 받은 승객은 그 작은 정성과 관심을 잊지 못할 것입니다.

둘째, 매달 감동을 주는 글을 보내십시오.

감동을 주는 좌우명이나 글 또는 이야기를 매달 기존 고객들에게 보내십시오. 재미있는 이야기도 좋습니다. 단 저속한 내용은 아니어야 합니다. 저속한 이야기는 일시적으로 즐거움을 줄지는 모르지만 그것을 보내는 업자의 성실성이나 인격을 신뢰하지 않게 될 가능성이 있음을 명심해야 할 것입니다. 이와 같이 매달 감동을 주는 글을 받아보는 고객은 단골이 될 가능성이 높습니다.

셋째, 고객들과 꾸준히 이메일 통신을 하십시오.

고객의 이메일 주소를 입수해서 수시로 당신의 새로운 상품이나 업소의 긍정적인 소식을 알리십시오. 시도 때도 없이 시행하는 세일이 아니라 고객이 납득할 만한 혜택이라는 점을 알려주십시오. 코스트코는 캘빈 클라인으로부터 특별감가를 받은 도매가격을 그대로 소매가격에 반영하여 고객으로부터 큰 호응을 받은 바 있습니다. 그런 인하 가격의 상품이 품절되어 가격이 정상으로 올라도 고객들은 전혀 불평하지 않을 것입니다.

넷째, 고객과 차 한잔이라도 같이 하십시오.

고객을 대할 때 차 한잔이라도 하면서 사업 아닌 다른 화제로 대화를 나누십시오. 고객의 취미, 가족 상황, 건강 등 서로 몇분 동안이라도 이야기를 나누면 더 친밀해질 것이며 고객의 호감을 얻게 될 것입니다. 운동 경기나 지난주에 친 골프 이야기도 좋은 화제가 되어줄 것입니다.

다섯째, 고객에게 중요한 날을 기억하십시오.

그 많은 고객의 생일이나 결혼기념일을 다 기억할 수는 없을 것입니다. 그러나 컴퓨터나 전자수첩에 입력을 해두면 수천수만 가지의 일자를 매일매일 점검할 수 있습니다. 고객의 생일에 즈음하여 간단한 축하카드 한 장이라도 보내면 고객은 그런 정성을 쉽게 잊지 않을 것입니다. 위에서 말씀드린 것처럼 그런 성의를 보이는 업체는 많지 않기 때문입니다.

여섯째, 문병은 꼭 하십시오.

혹시 고객이나 가족의 건강에 문제가 있었다면 자주 그 회복 상태를 묻는 전화를 하십시오. 문병을 해주는 성의는 다른 어떤 때보다 고맙게 여겨질 것입니다.

일곱째, 고객에게 도움이 될 만한 사람을 소개해 주십시오.

고객이 사업을 하면 그 사업에 도움이 될 만한 사람들을 소개해 주십시오. 고객의 가족에게 도움이 될 만한 조직이나 단체 또는 융한 의사를 알려주면 특별히 고마움을 느낄 것입니다. 비교적 저렴한 보험, 특별히 잘하는 음식점, 정직한 자동차 정비사 등을 소개해 주면 고객과 당신의 친분은 더욱 두터워질 것입니다.

여덟째, 좋은 고객은 집으로 초대하십시오.

부시 대통령은 특히 친해지고 싶은 외국의 국빈들을 자기 집인 크로포드 목장에 초대합니다. 중요한 고객을 집에 초대하여 집에서 준비한 식사를 대접하고 따뜻한 가정의 분위기를 나누는 행동은 친분을 돈독히 하는 최상의 방법입니다. 자녀들도 소개해 주고 가족사진도 보여주며 그동안의 고생담도 들려주면 초대된 고객은 감명을 받을 것입니다.

아홉째, 판매 후 만족도를 꼭 확인하십시오.

상품을 판매한 후에는 해당 고객의 만족도를 확인하십시오. 다음과 같은 질문을 서신이나 전화로 하면 비록 답을 하지는 않더라도 고객은 당신이 책임감이 강하다는 인상을 받을 것입니다.

1. 서비스가 괜찮았습니까?

2. 저희 업체의 어떤 점이 마음에 드셨습니까?

3. 저희들이 고쳐야 할 점이 있다면 어떤 점입니까?

고객을 대할 때 무엇보다 진지함과 성실성을 잃지 말아야 합니다. 경솔하거나 말만 번지르르하다는 인상을 주면 위의 행동을 실천해 봤자 별 효과가 없을 것입니다.

펩시를 마신 코카콜라 직원

코카콜라에서 12년간 일한 트럭 운전기사가 경쟁사 제품인 펩시를 마셨다고 해서 해고된 일이 있었습니다. 릭 브론슨이라는 이 사람은 코카콜라를 한 식료품 상점에 배달하고 나서 그 상점의 창고에서 다른 사람들이 보는 앞에서 펩시를 마셨다고 합니다. 물론 코카콜라 회사는 그 사람의 해고 사유를 밝히지 않고 있지만, 노조의 대변인은 노조를 결성하려는 브론슨의 해고 사유를 찾던 중 붙여두었던 감시인으로부터 브론슨이 펩시를 마시는 장면을 보고받고 이용한 것이라고 주장했습니다.

한 회사에 근무하는 직원이 경쟁사의 상품을 이용했다는 사실이 해고의 사유가 되는지 여부는 논란의 대상이 되고 있습니다. 경영을 강의하고 있는 제가 미국인 학생들을 대상으로 의견을 물어본 결과로는 브론슨을 해고한 것이 옳다고 말하는 수가 그렇지 않다는 사람들보다 훨씬 많았습니다. 브론슨이 펩시의 맛은 어떻게 다른지 알아보기 위해 시험적으로 마셨다고 말했으면 별 문제가 되지 않았을 텐데 자기는 펩시를 좋아하며 언제나 펩시를 마신다고 말한 것도 이런 결과에 일조했을 것입니다.

코카콜라의 사칙에는 경쟁사의 제품을 사용하지 말라는 규정은 없지만 자사의 상품을 비방하는 행동은 징계를 받는다고 규정되어 있다고 합니다. 공공장소에서 코카콜라의 제복을 입고 펩시를 마신 것이 자사 제품을 비방하는 행위로 간주될 것인지 여부는 법정에서 가려지겠지만 일반 여론은 코카콜라를 지지하는 쪽이 우세합니다.

세계적인 호텔 메리어트^{Marriott}는 직원들을 수시로 경쟁 호텔에 투숙하게 해서 그 호텔의 강점과 약점을 알아보게 합니다. 영국항공^{British Airline}도 직원들이 경쟁 항공사를 수시로 이용하게 해 기내식과 각종 서비스를 알아보게 합니다. 더 좋은 서비스를 위해 경쟁사와 비교하는 것은 좋은 일입니다. 그러나 그런 비교는 회사의 승인과 양해하에 실행에 옮겨야 할 것입니다. 코카콜라의 직원이 코카콜라 제복을 입고 경쟁사의 제품을 마신다면 충성심이 없는 직원으로 간주될 수밖에 없습니다.

보잉 사 앨런 회장의 행동 강령

보잉^{Boeing} 사는 1916년에 창설된 회사로서 세계 최대의 항공기 제조회사입니다. 보잉은 1990년에는 록웰^{Rockwell} 사를 매입하였고 1997년에는 맥도널드 더글라스^{McDonald Douglas} 사를 흡수하여 거대 기업으로 군림하고 있습니다.

보잉 사를 이끌어가는 중책을 맡은 윌리엄 앨런^{William M. Allen} 회장은 2차세계대전 후 보잉 사의 CEO로 부임하여 수년 전에 윌슨^{T. A. Wilson} 회장에게 권한을 넘겨줄 때까지 강력한 윤리강령을 실천한 사람으로 잘 알려져 있습니다. 비록 보잉 사는 몇 가지 굵직한 스캔들에 휘말려 정부로부터 입찰 자격을 박탈당한 적도 있었지만, 비리가 노출될 때마다 앨런 회장은 장본인들을 신속하게 색출하여 해고하거나 형사고발 했기 때문에 깨끗한 기업이라는 평판을 유지했습니다.

기업을 경영하시는 분들에게 도움이 될까 하여 앨런 회장의 16가지 행동강령을 소개하겠습니다.

1. 절대로 화내지 않는다.

화를 내는 행동은 약한 인격의 발로라고 하였습니다. 특히 자녀나 부하직원을 훈육할 때에 화가 나 있는 상태에서는 일언반구도 하지 말라고 행동과학자들은 충고합니다.

2. 동료들의 견해를 깊이 고려한다.

지위가 높아지면 자기도취에 빠지기 쉽습니다. 모든 견해에 귀를 기울이고 의견을 종합할 줄 아는 지도자는 부하들의 추앙을 받게 마련입니다.

3. 말을 너무 많이 하지 않는다.

훌륭한 지도자는 말을 많이 하기보다 듣기를 많이 하는 사람이라고 합니다. 말을 많이 하다보면 남의 말을 들을 수가 없게 됩니다.

4. 모른다고 인정하는 것을 두려워하지 않는다.

모르는 것은 모른다고 솔직하게 말하는 사람은 절대로 무시나 경시를 당하지 않는다는 사실을 저는 강단에서 항상 경험합니다. 학생들이 어려운 질문을 할 때 지금 내가 그것을 모른다고 말하고 알아서 다음에 알려주겠다고 말하면 오히려 학생들이 더욱 존경해 준다는 사실을 체험했습니다.

5. 세부사항에 파묻히지 않고, 큰 목표에 집중한다.

높은 지위에 있는 사람이 세부사항에 지나치게 집착하면 소위 미시경영자가 됩니다. 물론 최고경영자가 주의를 기울여야 할 세부사항이 있기는 하지만 일반적으로 담당 직원에게 권한을 위임하고 큰 목표에 치중하는 것이 훨씬 생산적인 경영일 것입니다.

6. 되도록 많은 업계 인사들과 만나고 친분을 유지한다.

21세기는 관계의 시대라고 일컫는데 앨런 회장은 수십 년 전에 이미 이 원리를 터득한 것 같습니다. 관계에는 판매나 마케팅 노력이 다 필요합니다. 친한 사람이 많은 사람은 사업도 잘할 수 있습니다.

7. 시애틀(보잉사가 소재한 도시) 주민들에게 좋은 인상을 주도록 한다.

물론 모든 사람들에게 좋은 인상을 주어야겠지만, 우선 회사가 소재하는 지역의 주민들이 회사에 호감을 갖도록 노력하는 것이 얼마나 중요한지 두말할 필요가 없을 것입니다.

8. 직원들의 의견을 이해하려고 성실히 노력한다.

노사 간의 쟁의는 이해 부족에서 오는 경우가 많습니다. 비록 노조의 요구를 다 들어줄 수 없다 하더라도 최고경영자가 그들의 의견을 들어주려는 성실성을 보여주면 쟁의를 피하거나 방지할 수 있을 것입니다.

9. 언행을 분명히 한다.

자녀들이나 부하직원들의 존경심을 잃는 쉬운 방법은 언행이 일치하지 않는 변화무쌍한 태도를 보이는 것입니다. 특히 원리 원칙을 무너뜨리면서까지 양보라는 명목으로 태도의 흔들림을 보이면 역효과가 난다는 사실을 경영자들은 명심해야겠습니다.

10. 행동으로 옮긴다.

누군가가 말했습니다. 아주 좋은 상품이나 아이디어가 개발되어 대박을 터뜨리면 "나도 한때는 그 생각을 했는데" 라고 말하는 사람이 30명은 된다고 말입니다. 차이는 행동에 옮기느냐와 생각만 하고 있느냐에 있습니다.

11. 종전 후를 계획한다.

앨런 회장은 2차세계대전 중이라서 한 말이지만, 변화무쌍한 환경에 대처할 방안을 항상 강구해야 한다는 의미로도 해석됩니다. 그렇기 때문에 최고경영자는 전문가들의 말도 듣고, 새로 발행되는 책도 읽어야 하며, 세미나와 강좌에도 쉬지 않고 참여해야 합니다. 향응이나 취미 생활에 지나친 에너지를 쓰면 미래를 설계하지 못하여 기업이 사양길을 걷게 되는 경우가 많습니다.

12. 열심히 노력한다. 장애물에 항복하지 않는다. 당당하게 과업에 부딪친다.

세상은 약한 사람보다 강한 사람을 좋아합니다. 세상에 쉬운 일은 가치가 없습니다. 수입이 높은 경영인들은 어려운 과업을 과감하게 완수하고 장애물을 극복하기 때문에 그런 높은 보수를 받는 것입니다.

13. 유머 감각을 유지하면서 가끔 느슨해질 줄 알아야 한다.

우리는 누구나 항상 긴장만 하고 살 수는 없습니다. 역시 대인관계에서 서로 즐길 수 있는 유머감각을 유지해야 하고 가끔 여행을 다녀온다든가 휴식을 취하는 느슨함을 즐길 줄 알아야 합니다.

14. 공정하되 진솔해야 한다. 비판을 환영하고 그런 비판으로부터 배운다.

경영자들이 가장 귀 기울여 들어야 할 대목입니다. 고객의 비판과 불만에 귀를 기울이면 새롭게 배울 것이 너무도 많습니다. 대부분이 점에서 실패를 합니다. 즉 비판이나 불만에 충분히 주의를 기울이지 않으면 기업은 발전하기 어렵습니다.

15. 자신감을 갖는다.

일단 행동을 시작했으면 최대의 결과를 추구한다. 열정과 무한한 에너지를 과업에 쏟는다. 잭 웰치, 도널드 트럼프^{Donald J. Trump} 등 유명 기업인들도 한결같이 말합니다. 하는 일에 열정이 생기지 않으면 일 자리를 옮기라는 것입니다. 자기가 옳다고 믿는 과업에 손을 댔으면 성의와 정성을 다하여 일하고 그렇게 하면 그 일은 신나는 것이 됩니다. 당연히 일도 성공을 거둘 것입니다.

16. 지금보다 더 훌륭한 회사로 만든다.

"이만하면 되었다"고 쉽게 만족을 해버리면 기업이나 개인이나 더 발전하기 어렵습니다. 『좋은 기업에서 위대한 기업으로』(Good to Great)라는 책의 저자 짐 콜린스^{Jim Collins}는 이 책의 서두를 유명한 말로 시작을 했습니다. "Good is enemy of great." 즉 이만하면 더 향상할 필요가 없다는 자족심은 훌륭하게 되려는 노력의 적이라는 갈파인 것입니다. 한때는 "고장 나지 않았으면 그냥 놔둬"라는 말이 유행했습니다. 그러나 이제는 고장이 나지 않았어도 향상해야 합니다. 기업은 자전거와 같습니다. 앞으로 나가지 않으면 쓰러집니다. 쉬지 않고 발전하려는 성의와 노력이 기업과 개인을 발전시킵니다.

외면당하는 광고의 문제점

"며느리야, ○○ 가구 아니면 시집올 생각 마라"라는 광고를 어떻게 느끼십니까? 결혼 적령기에 있는 딸을 둔 부모들은 말할 것도 없고 그렇지 않은 부모들도 듣기에 몹시 불쾌한 광고라고 생각할 것입니다. 자사의 가구가 좋다는 광고이겠지만 이런 광고가 전하는 메시지는 아직도 혼수를 좋은 것 가지고 시집 오면 시어머니의 마음에 들게 된다는 구태의연한 정서에 소구하고 있기 때문입니다.

제가 기업에서 세미나를 진행하면서 소비자들의 견해를 종합해 본 결과 모두 이런 종류의 광고에 불쾌감을 표했습니다.

"우리 식당에 오시면 최선을 다하겠습니다. 또한 귀한 손님을 모실 방이 따로 있습니다"라는 광고는 어떻습니까? 귀한 손님을 모실 방이 따로 있다면 그 방에 들어가지 못하는 손님들은 귀하지 않다는 말입니다. 어느 업체이든지 그 업체를 이용하는 모든 손님은 귀합니다. 그런 뜻을 전해야지 특실에 들어가는 손님만이 귀하다는 뜻의 광고는 소비자 심리를 잘 이해하지 못한 광고입니다. 물론 의도적으로 그런 말을 한 것은 아닐 겁니다. 그러나 그런 광고 문구를 듣는 사람들은 십중팔구 차별대우를 받는다고 생각하게 됩니다. 이런 경우 차라리 "고객들과 조용히 식사하시려는 분들을 위해서 특실도 마련되어 있습니다" 라고 하면 어떨까요?

　매주 목, 금, 토, 일요일에만 세일을 한다는 류의 광고는 어떻습니까? 매주 같은 날에 세일을 한다면 그것이 정상가격이지 특별 할인 가격이 아니라고 소비자들은 느끼게 될 것 아닙니까? 또 같은 업종의 업체들이 같은 채널에서 같은 성우 목소리로 광고를 내보내면 어느 업체가 어떤 세일을 한다는 것인지 소비자들은 알 수가 없게 됩니다. 소비자들은 혼란을 느끼거나 아예 한 귀로 듣고 한 귀로 흘려버리게 됩니다. 돈을 들여서 제작한 광고에서 효과를 보려면 광고매체에 지시해서 라디오라면 경쟁자와 같은 시간에 내보내지 말고 신문이라면 같은 지면에 내지 말아 달라고 해야겠지요.

　"대통령상을 받은 상품" 같은 문구를 사용하는 광고가 매체를 채우는 일이 많습니다. 우선 저에게는 진실로 들리지 않습니다. 미국에서 대통령상을 받았다는 상품의 소식을 저는 이전에 접해보지 못했습니다. 소비자 대부분이 그런 말을 믿지 않습니다. 소비자들은 본질적으로 광고 메시지를 잘 믿으려 하지 않는다는 조사 결과도 있습니다. 상장의 사본을 신문에 게재하면 이런 광고의 신빙성을 높일 수는 있을 것입니다.

현장에서 확인하라

　미국의 농기구 회사가 아주 품질이 좋은 삽을 제조했습니다. 특수 강을 이용하여 만든 그 삽은 아주 강해서 잘 닳지 않았고 단단한 물체에 부딪혀도 흠집이 나지 않았습니다. 삽자루도 아주 튼튼한 목재를 썼습니다. 미국 내에서 판매가 호조를 보이자 아시아 국가들에도 판매를 시작했습니다. 그런데 기대와는 달리 아시아에서는 삽이 팔리지 않았습니다. 회사 간부들은 왜 자기들의 삽이 아시아에서는 팔리지 않는지 조사해 보았습니다. 그 결과 삽자루가 너무 길어서 키가 작은 아시아인들에게는 불편하다는 것을 알게 되었습니다. 즉시 삽자루를 짧게 했습니다. 그랬더니 삽의 판매가 급증했다고 합니다.

　유니버설 스튜디오^{Universal Studio}가 로스앤젤레스에 있는 것과 같은 테마파크를 일본에 열기로 했습니다. 테마파크 내 식당 코너를 계획하면서 유니버설은 4천 가지의 음식을 만들어서 일본인들의 기호를 조사했습니다. 결과는 의외였습니다. 신기하게도 일본식으로 만든 음식이 인기종목이 아니었고 미국식 음식도 마찬가지였습니다. 최고의 인기를 얻은 것은 일본식과 미국식을 적절히 조화시켜 만든 음식이었습니다. 이 결과를 테마파크에 적용했고 유니버설은 높은 수익을 올렸다고 합니다.

포드가 2, 30대 젊은이들을 타겟으로 타우러스 모델을 설계했을 때 이들의 기호를 알아보기 위해서 5, 6백 명의 젊은이들을 초청하여 시승해 보게 했습니다. 다리 뻗는 공간이 너무 좁다는 평도 있었고 뒷좌석이 너무 불편하다는 의견도 있었습니다. 수백 가지의 의견을 최대한 반영해 모델을 수정한 후 출시한 타우러스는 단일 모델 중 미국 내에서 가장 많이 팔린 자동차가 되었습니다.

미국의 대형 항공사들이 파산을 신청했거나 준비하고 있는 현 시점에서 오히려 실적의 호조를 보이고 있는 항공사가 있습니다. 젯블루가 그 주인공입니다. 젯블루의 가장 특이한 점은 바로 회장의 태도입니다. 회장 데이비드 닐먼David Neeleman은 자기 사무실은 거의 비워 놓습니다. 그는 항시 자사의 비행기를 타고 다니면서 고객들의 의견을 듣습니다. 직접 기내 음식을 나르기도 하고 기내 방송도 합니다. 그는 되도록 많은 고객들과 대화하면서 의견을 듣습니다. 젯블루는 고객들의 기호를 수집하여 회사 경영에 반영하는 일이 얼마나 중요한지를 가장 잘 보여주고 있습니다.

친분 마케팅

　지금은 '친분 마케팅' 시대입니다. 한번 찾아온 손님이 다시 찾아오도록 하지 않으면 그 사업은 실패했다고 보아야 합니다. 고객과 친분을 맺으려면 머리로만 대화를 해서는 안 됩니다. 가슴과 가슴으로 대화를 해야 합니다. 즉 감정의 연결이 필요합니다. 고객과 감정이 연결되면 그 고객은 단골이 될 것입니다. 고객과 감정을 연결하려면 사업 이야기만 해서는 불가능합니다. 고객의 가족 상황을 알아야 합니다. 자녀의 진학 문제로 고민하는 고객과 함께하며, 고객의 자녀가 상을 받으면 함께 기뻐할 수 있는 관계를 맺을 필요가 있습니다. 고객에게 잠 못 이루는 고민이 있으면 그것을 알아내어 함께 나눌 수가 있어야 합니다.

　고객이 안절부절못하는 모습을 보이면 사업 이야기를 중단하고 차 한잔 나누며 조용히 대화할 수 있어야 합니다. 사람들은 대부분 외롭습니다. 가슴속에 깊이 자리 잡은 감정을 털어놓고 자기 말을 들어줄 친구가 없어서 외로운 것입니다. 고객의 개인적 상황을 귀로나 머리로 듣지 않고 가슴으로 들어주면 그와 끈끈한 친분을 맺을 수가 있을 것입니다. 경영 전문가들도 이런 관계가 중요하다고 제언합니다.

고객들에게 감동을 줄 수 있는 기회를 찾아야 합니다. 그런 기회가 오면 적절하게 대응하여 친절 이상의 봉사를 해야 합니다. 경쟁도 많고 비슷한 상품도 많은 이 세상에서 고객은 자기를 이해해 주고 감정이 연결된 업소를 선호할 것입니다.

은행과 친해야 합니다. 흉금을 털어놓고 가슴과 가슴으로 대화할 수 있는 은행 간부를 2, 3명쯤 알고 있어야 합니다. 사업을 하면서 잘 나가고 있는 면과 잘 나가고 있지 않은 면을 솔직하고 허물없이 나눌 수 있는 은행이 절실히 필요합니다. 간부들과 그런 친분 관계를 맺기 어려우면 은행을 바꾸어야 합니다. 지금의 은행은 과거의 은행과는 근본적으로 달라지고 있습니다. 지금의 은행은 융자를 받아간 업체가 잘되기를 바라고 그 업체가 벌이고 있는 사업의 진행 상황을 알고 싶어합니다. 친해진 은행 간부를 자주 회사로 초대하여 직접 사업의 상황을 확인할 수 있게 하고 회사의 비전과 장기적인 목표에 관하여 상담할 수 있어야 합니다.

신뢰 없이는 성공도 없다

　기업을 성공적으로 경영하려면 갖추어야 할 요소가 많습니다. 고객이 원하는 상품이나 서비스, 고객에게 제공하는 가치, 적절한 자본, 충실한 직원 등 모두 다 중요한 요소들입니다. 그렇지만 이보다 더 중요한 요소가 있습니다. 그것은 신뢰입니다. 다른 요소를 다 갖추었다고 하더라도 신뢰가 없으면 그 기업은 성공할 수 없습니다. 공자님께서도 나라가 잘되려면 강한 군과 충분한 식량과 신뢰가 필요하지만 그중에서도 가장 중요한 것은 신뢰라고 하셨습니다. 신뢰란 고객과 업체 사이에 의심할 여지가 없는 믿음이라고 하겠습니다.

　한 초등학교의 1학년 담임선생님이 학생들에게 물었습니다.

　"선생님이 이웃을 사랑하고 불쌍한 사람들을 돕는 일을 열심히 하면 천국에 가겠니?"

　그 질문에 어린 학생들은 한목소리로 "아니오"라고 대답을 했습니다. 이번에 선생님이 다시 물었습니다.

　"선생님이 교회에 열심히 나가고 교회의 청소도 도맡아 하며 매일 기도도 열심히 하면 천국에 가겠니?"

　이번에도 학생들은 일제히 한목소리로 "아니오"라고 대답을 했습니다. 어린 학생들의 속을 모르던 선생님이 다시 물었습니다.

"선생님이 아까 말한 것처럼 좋은 일을 많이 하고도 천국에 못 간다면 어떻게 해야 천국에 간다는 거니?"

그랬더니 이번에도 학생들은 한목소리로 대답을 했습니다. "선생님이 죽으셔야 천국에 가요."

이 어린 학생들의 말처럼 천국에 가려면 다른 모든 조건보다 일단 죽어야 한다는 조건이 최우선입니다. 이와 마찬가지로 고객의 수가 줄거나 매출이 적어지면 우선 직원들이 고객에게 신뢰를 줄 수 없는 행동을 하지 않았는가를 알아보아야 합니다. 약속을 철저히 지키는 것도 중요하고 정확한 정보를 제공하는 것도 소홀히 해서는 안 될 것입니다.

수년 동안 정성껏 적금한 돈으로 여행을 하려는 황혼기의 부부가 있다고 합시다. 여행사에서 나오라는 시간에 공항에 나갔는데 직원이 먼저 나와 있지 않으면 황당할 것입니다. 또 직원이 실수하여 터미널 번호를 잘못 알려주면 고객은 얼마나 불안할 것입니까? 때에 따라서 고객들은 두세 그룹으로 나뉘어서 각각 다른 항공사를 이용하게 될 때가 있습니다. 그럴 경우에는 터미널마다 직원이 일찍 나와서 고객들의 탑승수속을 해주는 정성을 보여야 신뢰가 구축될 것이며 고객들은 그 여행사를 또 이용하고 싶어질 것입니다. 어떤 경우에라도 고객들이 불안한 느낌을 갖지 않도록 철저한 노력을 기울여야 할 것입니다.

훌륭한 직원

훌륭한 직원은 어떤 직원일까요? 고객에게 잘 보이는 직원과 고용주에게 잘 보이는 직원 중 누가 그 업체에 공헌을 더하는 것일까요? 고객에게 최대의 서비스를 하자면 단기적인 면에서 업체의 이익에 부정적인 영향을 미칠 가능성도 있을 것입니다. 저는 이런 경우를 실제로 경험했습니다.

혼자 살고 있는 저는 주로 외식을 하기 때문에 식품점에 들르는 일이 극히 드뭅니다. 음식을 만들 줄도 모르고 또 매일 대학에서 늦게까지 강의를 하기에 주로 외식을 할 수밖에 없습니다.

어느 날 동네에 있는 대형 식품점에 들러서 몇 가지 필요한 것을 담아 계산대에 섰습니다. 담당 직원이 값을 말해줘서 돈을 냈더니 그 상냥한 직원은 저더러 회원카드를 갖고 있냐고 물었습니다. 없다고 말하자 부인이 카드를 갖고 있을 테니 물어보라고 했습니다. 아내는 세상을 떠났다고 말하자 그러면 전화번호를 달라고 했습니다. 현재의 전화번호를 알려주었지만 이사 와 새로 받은 전화번호가 그 컴퓨터에 기록되어 있을 리가 만무했습니다. 그 직원은 뒤에 고객이 기다리고 있음에도 불구하고 이전 전화번호를 달라고 했습니다. 요구대로 전 전화번호를 주었더니 카드 소유자로 기록이 되어 있다고 하면서 즉시 할인된 액수를 되돌려주었습니다.

비록 얼마 되지 않는 액수였지만 고객인 저를 위하여 요구된 임무 이상으로 노력해 준 그 직원이 무척 고마웠습니다. 카드가 없다고 말하는 저에게 2차, 3차 노력하여 제 아내가 카드 소유자였음을 알아내서 12% 가격을 낮춰주었으니 그 업체에는 단기적인 이익 감소를 가져왔지만 고객으로서 저는 큰 감명을 받았습니다. 제가 앞으로도 식료품점에서 무언가 살 일이 있으면 꼭 이곳으로 올 것입니다. 그러니까 그 직원은 단기적인 이익 감소를 감수하고 단골을 확보한 셈입니다. 즉 장기적으로는 회사에 값진 공헌을 한 것입니다.

이와 비슷한 경험은 또 있었습니다. 어느 멕시코 음식점에 들렀을 때의 일입니다. 모두 네 명인 우리 일행을 자리에 안내해준 직원은 시간제로 일하는 학생이란 것을 금방 알 수 있었습니다. 우리 네 사람이 생소했기 때문에 그 직원은 우리에게 처음 오셨냐고 물었습니다. 물론 아주 정중하고 친절한 어투였습니다. 처음이라고 말하자 그는 자기가 메뉴를 추천해도 괜찮겠냐고 물었습니다. 이 녀석 틀림없이 비싼 음식을 추천할 모양이군, 하고 생각하면서 추천을 해보라고 했습니다. 그러나 그런 저의 기대와는 정반대로 메뉴 중 가격이 중간 이하인 음식을 추천하는 게 아니겠습니까? 우리 일행은 즉시 그 청년에게 신뢰가 갔습니다. 같이 간 두 여자 분이 음식을 시켰더니 그 직원은 이렇게 대답했습니다. "이 요리는 양이 많습니다. 차라리 1인분을 시켜서 두 분이 나눠드시는 것이 좋을 것입니다." 그 직원은 그런 추천을 해서 업소의 단기적인 이익 감소를 가져왔겠지만 우리는 그의 정직하고 손님을 위하는 태도가 너무도 인상적이어서 그 직원과 그런 직원을 고용한 그 음식점에 호감 이상의 감명을 받고 나왔습니다.

홀륭한 직원은 업소의 단기적인 이익을 추구하기보다 고객의 편리와 유익을 먼저 구하여 단골을 많이 배출하는 직원일 것입니다.

경쟁력의 10대 요소

경영학에서 가르치는 경쟁력의 10대 요소는 다음과 같습니다.

1. 상품의 디자인

'렉서스'라면 제일 먼저 떠오르는 것이 '소음이 없는 자동차' 일 것입니다. GM, 포드, 다임러크라이슬러 세계 3대 자동차 회사들이 연일 감원과 공장 폐쇄를 발표하고 있는 와중에 일본 자동차 회사들은 매년 매출이 증가하고 있으며 금년에 도요타는 GM을 제치고 세계 최대 자동차 회사로 자리를 잡을 것이라는 전망이 나왔습니다. 일반적으로 일본제나 독일제 자동차는 미국제보다 디자인이 훨씬 더 좋기 때문에 경쟁력이 강합니다.

2. 원가

원가라고 하면 생산원가만을 의미하는 것이 아닙니다. 상품이 매점에 진열되어 고객의 손에 들어갈 때까지의 모든 비용을 말합니다. 위로부터 말단 직원까지 모두 비용 절감에 열심히 노력을 기울이면 원가는 절감되는 것이 아니겠습니까? 사무실이 비어 있을 때는 전등을 끄는 것, 24시간 가동되는 업체에서 1교대와 2교대의 직원이 같은 방을 사용하는 것, 구내식당에서 음식 쓰레기를 없애는 것, 화장실에서 손을 씻을 때 비누질을 하는 동안은 물을 잠그는 것, 서류 작성시에 자주 반복되는 문구는 컴퓨터에 저장해 두었다가 다음 문서 작성시에 약간만 수정하여 작성하는 것, 지불할 돈은 되도록이면 늦게, 받을 돈은 되도록이면 일찍 받는 것 등등 1초, 1원이라도 절약하면, 티끌을 모아 태산을 만들듯 결과물에 놀라게 될 것입니다.

3. 사업장의 위치

지금까지 경영의 원칙은 "첫째도 둘째도 셋째도 위치"라고 했습니다. 하지만 저는 대학교에서 이렇게 가르치지 않습니다. 위치가 중요하지만 좋은 위치는 임대료나 부동산 가격이 높기 때문에 고정자산 비용이 너무 높습니다. 별로 좋아 보이지 않는 위치에 사업장이 있더라도 평판과 친분 마케팅에 치중을 하면 고객들은 찾아오게 마련입니다. 고객 서비스와 평판을 쌓는 데 정성을 기울이면 위치는 그다지 중요하지 않은 것을 알게 될 것입니다.

4. 품질

품질이 좋아야 경쟁력이 강해진다는 말은 재언을 요하지 않습니다. 그러나 조심할 것이 있습니다. 상품의 품질은 상품의 가격에 연결되어 있음을 잊지 말아야 하겠습니다. 오늘날에는 충돌을 완전히 없애는 자동차를 제작할 수가 있습니다. 그렇지만 그런 자동차의 소매 가격이 자동차 한 대당 적어도 2백만 달러, 즉 약 20억 원은 될 것이라고 합니다. 그런 자동차를 살 만한 고객이 얼마나 되겠습니까? 그러므로 상품 가격에 비하여 고객들이 최대로 효용성을 느끼는 품질을 지향해야 할 것입니다. 비용을 생각하지 않고 품질을 극대화하려는 노력은 오히려 회사에 불이익을 가져올 수가 있습니다.

5. 신속성

급변하는 환경에서 변화에 적응하는 속도가 느리면 경쟁에서 밀려나게 됩니다. 요즘 한국의 전자업체들이 보여주는 신속성은 세계가 놀랄 만합니다. DMB 또는 공중파 방송 수신과 휴대전화의 기능을 합친 휴대전화는 그 대표적인 예입니다. 지금은 휘발유, 전기 공용의 하이브리드 자동차가 각광을 받고 있지만 그 생명도 길지는 못할 것입니다. 궁극적으로 소비자들의 인기를 모을 자동차는 물에서 분리되는 수소로 작동되는 자동차일 것입니다. 물론 세계의 자동차 업체들이 불철주야 개발에 몰두하고 있지만, 이런 혁명적인 자동차를 신속히 출시하는 회사가 시장을 지배할 것입니다.

6. 융통성

고객과 의견이 맞지 않으면 "그것은 우리 회사의 정책입니다"는 고자세로 일관하는 회사가 비일비재합니다. 이런 말과 태도는 고객을 잃는 원인이 됩니다. 업체의 정책은 어디까지나 내부 사정이지 고객과는 무관합니다. 고객을 잃는 정책은 즉시로 바꿔야 할 것입니다. 때문에 직원들의 융통성이 절실히 요구됩니다.

7. 재고 관리

재고가 불필요하게 많은 것도 운영비용을 증가시킵니다. 품절될 것을 염려하여 필요 이상의 재고를 두는 경우도 있고 할인을 받기 위하여 과다하게 주문하는 경우도 있을 것입니다. 경영대학에서는 '경제적 주문량'$^{Economic\ Order\ Quantity}$, 즉 가장 비용을 적게 하는 주문량과 빈도를 계산하는 방법을 가르칩니다. 할인을 받기 위하여 주문량은 많게 하더라도 배달은 나눠서 해달라는 요구를 할 수도 있습니다. 대금 지불은 배달한 후에 약정된 기한 내에 하는 것이 통례임으로 전액을 1회에 지불할 필요도 없을 것입니다. 재고 관리를 잘하는 업체를 들자면 월마트입니다. 재고는 적을수록 비용이 적게 들겠지만 품절은 수입 감소를 가져올 수 있기 때문에 'Just In Time'이라는 제도가 시행되고 있습니다.

8. 조달 관리

조달체계는 질서와 신뢰 위에 구축되어야 합니다. 발주체와 수주체 모두 철저한 신뢰를 쌓도록 특별한 노력을 기울여야 합니다.

9. 서비스

서비스가 좋아야 고객을 단골로 만들 수 있다는 것은 다 아는 원리입니다. 그러나 찾아오는 고객 중에 불만을 가지고 돌아가는 고객이 단 한명도 없도록 하겠다는 결심을 하고 직원들을 그렇게 교육시키는 업체는 생각보다 적습니다. 정중한 태도, 존경하는 마음, 청결, 예의 등의 미덕을 최대한으로 활용하면 좋은 업체라는 인상을 고객들에게 깊이 심어줄 수 있을 것입니다.

10. 내부 의사소통

회사의 사명과 목표를 직원 전원이 철저히 신봉하고 수직이나 수평 관계에 있어서 의사가 잘 통하는 업체는 반드시 번영할 것입니다. 저는 군대에서 하는 복창제도를 좋아합니다. 상사로부터 명령을 받으면 그 명령을 다시 복창하는 제도를 말하는데 그렇게 함으로써 명령이 제대로 이해되었는지 확인할 수가 있습니다. 직장 내에서도 구두로 지시를 하달할 때 지시를 받는 사람으로 하여금 지시를 반복하게 하는 제도는 도움이 될 것입니다.

벤치마킹과 모방

    사업을 경영하려면 잘하고 있는 기업으로부터 배워서 생산성을 높이고 수익을 향상시켜야 할 것입니다. 잘하는 업체와 자기 업체를 항상 비교하여 배우고 향상하는 방법을 벤치마킹이라고 합니다. 벤치마킹은 경영전문가들이 장려합니다. 그러나 모방은 다른 업소를 그대로 흉내 내는 행동인데 이는 비윤리적일 수도 있고 법적 소송을 당할 수도 있습니다.

    제가 살고 있는 동네에는 한국인 부부가 경영하는 하와이식 식당이 있습니다. 친절하고 음식도 좋아서 현재 성업 중입니다. 이 식당의 메뉴도 모두 자체로 고안한 것이어서 독특합니다. 그런데 이 식당에서 얼마 안되는 곳에 또 하나의 하와이 식당이 있습니다. 성업 중인 식당의 주인이 하루는 저에게 말했습니다. 자기 고유의 식단까지 경쟁식당에서 그대로 복사하여 메뉴에 추가를 했는데 그럼에도 불구하고 그 식당은 잘되지 않는다는 말이었습니다. 모방을 했다는 소문이 퍼지거나 고객이 모방한 사실 알게 되면 그런 상품은 잘 팔리지 않는 것이 시장의 생리입니다.

    벤치마킹도 부지런히 해야 합니다. 경영법이나 운영방식을 특허청에 등록을 하는 업체들이 증가하고 있습니다. 좋은 경영법도 일단 특허를 신청해 놓으면 그 방법 자체를 딴 업체에서 사용할 수가 없게 될 것이기 때문에 좋은 경영법은 빨리 배워서 응용해야 할 것입니다.

메리어트 호텔과 리츠칼튼^{Ritz-Carlton} 호텔은 객실 내에 있는 미니바로부터 이익을 내지 못하는 이유를 알아냈습니다. 미니바에서 음식이나 음료를 꺼내 먹은 후 밖에서 같은 상표의 상품을 싸게 사다가 대체해 넣기 때문이었습니다. 그래서 두 호텔에서는 새로운 장치를 달아놓았습니다. 미니바의 문을 열면 30초 내로 꺼낸 음식이나 음료가 손님의 숙박비에 자동적으로 추가되도록 했습니다. 그렇게 하고 나니 미니바의 이익이 증가했습니다. 아마도 1, 2년 내로 미국 내의 모든 호텔이 메리어트 호텔과 리츠칼튼 호텔을 벤치마킹할 것으로 생각됩니다.

한번은 로스앤젤레스에서 아담한 카페를 운영하는 분이 저에게 하소연을 했습니다. 사업을 시작한 지 얼마 되지도 않았는데 한 사람이 들어와서 한 시간도 넘게 자리에 앉아서 모든 메뉴를 꼬박꼬박 적더라는 것이었습니다. 결국은 경찰을 부르겠다고 하면서 쫓아내다시피 했는데 후에 알고 보니 그곳에서 그다지 멀지 않은 곳에 똑같은 메뉴로 똑같은 카페를 열더라는 것입니다. 모방을 한 메뉴에 등록된 상표가 없으면 모방해 간 사람을 법적으로 처벌할 방법이 없습니다. 그러므로 음식이나 차를 새로 개발했으면 곧바로 상표등록을 하고 음식명에는 등록된 상표라는 표시를 달아놓는 것이 안전합니다.

시대가 요구하는 상인의 도

19세기에 일본 상인의 도에 대한 정의를 내린 와타나베 가잔^{渡撒肯山}은 상인정신 8계명을 가르쳤다고 합니다.

1. 직원보다 일찍 일어날 것.
2. 열 량짜리 손님보다 백 푼짜리 손님을 더 소중히 할 것.
3. 사간 물건이 마음에 들지 않아 바꾸러 온 손님은 사갈 때보다 더 정중히 대할 것.
4. 사업이 번창할수록 절약할 것.
5. 한 푼이라도 지출이 있을 때는 꼭 장부에 기입할 것.
6. 항상 창업했을 때의 마음가짐을 지닐 것.
7. 동일 업종의 가게가 근처에 문을 열어도 당당하게 선의의 경쟁을 할 것.
8. 직원이 독립을 하면 3년 동안 자금을 지원해 줄 것.

이 조언을 한마디로 하면 "고객과 직원들에게 정직할 것"이 될 것입니다. 고객에게 정직하지 못한 인상을 주면 고객은 떠나버립니다. 직원들에게 정직하지 못하면 직원들의 충성심을 얻지 못합니다. 경영인이 정직하지 못하면 직원들도 정직하지 않을 가능성이 높습니다. 직원들이 정직하지 못하면 물건 아니면 시간을 훔치게 될 것입니다.

투명한 인격자만이 성공적인 경영인이 될 수 있습니다. 위선의 탈을 벗어버린 경영인들이 성공한다는 말입니다. 탈을 쓴 경영인들을 생각하면 흥미로운 이야기 하나가 떠오릅니다.

한 청년이 일자리를 구하러 동물원에 찾아갔습니다. 인사과 직원이 말했습니다. 마침 동물원에서 가장 관람객을 많이 끄는 고릴라가 갑자기 죽었는데 그 청년이 고릴라의 가죽을 쓰고 동물원에서 고릴라 역할을 할 수 있다면 채용해 주겠다는 제안이었습니다. 청년이 가만히 생각해 보니 그리 힘든 일일 것 같지 않아서 그러자고 했습니다. 약간의 훈련을 거친 후 청년은 고릴라 가죽을 몸에 쓰고 고릴라 연기를 했습니다. 가슴을 손으로 치면서 괴성도 내고 땅에 뒹굴기도 했습니다. 동물원을 찾은 관람객들은 그가 진짜 고릴라인 줄 알고 무척 좋아했습니다. 고릴라 역할을 하는 그의 인기는 날로 높아져만 갔습니다. 상사에게 칭찬도 받고 급료도 올랐습니다. 그는 매일 새로운 동작을 연구하여 동물원을 찾은 관람객들을 즐겁게 했습니다.

매일 그런 재주를 부리던 어느 날 열심히 뒹굴다가 그만 언덕 밑으로 굴러 떨어졌습니다. 눈을 떠보니 자기가 떨어진 곳은 사자가 있는 곳이었습니다. 무섭게 생긴 사자가 그를 노려보고 있었습니다. 겁에 질린 그는 지금은 고릴라로 있어야 한다는 것도 잊어버리고 큰 소리로 외쳤습니다.

"살려주세요. 날 좀 살려주세요."

그러자 사자가 날쌔게 그에게로 다가와서 조용히 말했습니다.

"야 임마, 아가리 닥치지 못해? 그렇게 떠들면 너와 나는 당장 해고야, 알아?"

사자도 역시 사자의 가죽을 쓴 사람이었던 거지요.

그런 고릴라와 사자의 재주가 전부 연기였다는 것을 관람객들이 아는 순간 그 동물원을 찾는 발길을 뚝 끊을 것은 분명합니다. 사업은 정직을 기본으로 삼아야 함을 일시라도 잊어서는 안 될 것입니다.

주는 만큼 받는다

콘티넨털항공^{Continental Airlines}은 파산 신고를 세 번이나 낸 문제투성이 항공사였습니다. 그런 항공사가 2003년, 2005년 고객서비스 최고의 항공사로 선정되고 사상 최고의 이익을 내는 등 완전히 달라졌습니다. 콘티넨털항공의 이런 성공은 고든 베툰^{Gordon M. Bethune}이라는 회장의 과감한 보상 정책에 기인했습니다.

베툰 전 회장은 고등학교를 중퇴했던 청년이었지만 후에 마음을 고쳐 조종사가 되었고 야간과 주말을 이용하여 대학교도 졸업했습니다. 콘티넨털항공의 이사회는 망해가는 회사를 살려보려고 유능한 경영인을 찾다가 베툰 회장에게 경영권을 주었습니다. 그는 자라난 환경 때문인지 말씨가 거칠고 욕설도 잘하는 사람이었지만 직원을 최고로 대우하는 지도자였습니다. 그는 1994년 회장으로 취임하자마자 대단한 공고를 냈습니다. 콘티넨털항공이 공식적으로 최고의 서비스 항공사로 선정되면 고객을 접하는 직원들, 즉 티켓 카운터, 예약 담당, 승무원들까지 모든 직원에게 포드의 SUV 익스플로러^{Explorer} 한 대씩을 사주겠다는 공약이었습니다.

새로 부임한 회장의 그런 공약을 반신반의하던 직원들은 그래도 심기일전하여 모든 정성을 다하여 고객을 대했고 항공기들도 최고의 정시 출발 기록을 올렸습니다. 아니나 다를까 콘티넨털항공사는 1999년 〈유로파 여행업계 관보〉(*Travel Trade Gazette Europa*)로부터 '북미 최고의 항공사'로 선정되었고 베툰 회장은 직원들 모두에게 포드 익스플로러를 한 대씩 사주었습니다. 대당 3만 달러에 가까운 고급 자동차를 회장으로부터 받은 직원들은 더욱 신나게 일을 하여 콘티넨털항공은 4분기 동안 2억 달러 이상의 이익을 올렸습니다.

세계의 모든 강철회사를 통틀어 볼 때 생산성과 수익성이 가장 높은 회사는 뉴코^{Nucor}입니다. 뉴코는 직원들에게 높은 상여금을 지급하는 회사로 유명합니다. 직원들은 회사의 수익과 생산성에 비례하여 상여금을 받고 있는데, 대부분 정규 봉급보다 많은 상여금을 받습니다. 개개인의 생산성에 따라 상여금이 달라지므로 게으름을 부리는 직원이 있으면 동료 직원들이 어떻게 해서든지 그를 내보낸다고 합니다. 뉴코는 직원의 자녀가 대학에 진학을 하면 몇 명이 되든지 모두에게 장학금을 지급합니다. 또 아이를 입양하면 건당 5천 달러씩 보조금을 지불합니다.

콘티넨털항공이나 뉴코는 직원들이 신나게 일할 동기를 부여하고 굵직한 보상을 주면 좋은 결과를 낸다는 원리를 실적으로 증명해 주었습니다.

헤르츠베르거의 동기 이론

직원들에게 임금을 많이 준다고 그들의 사기나 성취의욕이 고취되지 않는다는 이론이 있습니다. 헤르츠베르거Frederik Herzberger라는 행동과학자가 오래전에 주장을 했는데, 그 주장에 대한 반론은 아직 없습니다. 헤르츠베르거는 직원들의 성취의욕을 증진시키는 요인을 외적 요소와 내적 요소, 2가지로 분류했습니다. 외적 요소는 단기적인 효과는 있지만 장기적인 효과가 없다고 했고, 내적 요소는 장기적인 효과가 있다고 주장했습니다. 성취의욕의 증진에 있어서 단기적인 효과만 준다는 외적 요소에는 임금, 작업환경, 지위 등이 있습니다. 그러니까 높은 임금이나 지위만으로는 장기적으로 동기를 부여할 수 없다는 것입니다. 한국이나 미국에서 비교적 높은 임금을 받는 근로자들이 파업을 많이 한다는 사실은 이 주장을 뒷받침하고 있습니다.

한편 장기적인 동기부여 효과가 있다는 내적 요소에는 인정받는 것, 일에 대한 만족감, 투명한 진로 등이 있습니다. 앞길이 막혀 있다고 느끼거나 불투명하면, 일시적으로 임금을 올려준다고 하더라도 직원들의 의욕은 별로 높아지지 않는다는 것입니다. 직원들의 노고를 인정하고 그들의 복리에 진정 배려하고 있다는 확신을 심어주어야만 직원들은 더욱 신나게 일을 하게 된다고 했습니다.

하버드 대학교의 연구진들이 제창한 이론이 있습니다. 그들이 알아낸 것은 호손 효과^{Hawthorne Effect}로 경영진이 직원들에게 관심을 갖고 있다는 믿음을 심어주면 그 방법에 상관없이 직원들의 성취의욕은 강해진다는 이론입니다. 이들은 작업장의 전등 밝기를 조정하여 간단한 실험을 했습니다. 한 공장에서 작업장의 전등을 더 밝게 해주었습니다. 그랬더니 생산성이 증가했습니다. 그 다음에는 전등을 더 어둡게 했습니다. 그런데도 역시 생산성이 증가했습니다. 직원들에 대해 경영진이 깊은 관심을 갖고 있다는 믿음을 심어주면 전등을 밝게 하건 어둡게 하건 생산성이 오른다는 것을 알 수 있었습니다.

직원들의 성취의욕을 높여서 생산성을 높이기 위한 몇 가지 방법을 행동과학자들이 제시했습니다. 그것을 간단히 열거해 보면 다음과 같습니다.

1. 회사 내에 탁아소를 설치한다.

회사가 보모를 고용하여 근무시간 중에 직원들의 자녀들을 돌봐주는 시설을 설치하면 생산성이 증가한다는 것입니다. 요즘은 탁아소 시설을 설치하는 회사가 늘어가고 있습니다.

2. 직원들의 웰빙을 돕는 시설을 갖춘다.

직원들이 운동을 할 수 있고 심신의 건강을 증진할 수 있는 시설을 설치하면 질병으로 인한 결근도, 건강보험 지불액도 격감한다고 합니다. 이런 웰빙 프로그램을 철저히 실천한 결과 콜로라도에 있는 아돌프 쿠어스^{Adolph Coors} 사는 건강보험금 지불을 199만 달러나 절약해 동급 회사가 직원들의 건강관리 비용이 18%나 증가하는 동안 쿠어스 사는 겨우 5%만의 증가를 기록했습니다. 물론 결근도 현저히 줄었습니다. 쿠어스 사는 운동시설뿐만 아니라 스트레스 관리실, 금연 상담실, 영양 상담실 및 물리치료실 등을 설치했습니다. 이 프로그램을 위해서 1달러를 들였다면 회사가 본 이익은 6.15달러에 이른다는 것이 쿠어스 결론이었습니다.

3. 카풀 제도를 지원한다.

회사가 미니밴을 여러 대 임대하여 직원들이 카풀을 하도록 하는 제도입니다. 물론 그 비용의 반은 사용하는 직원들이 부담하도록 하는 것이지만 자가용을 운용하는 것보다 비용이 훨씬 적게 들고 출퇴근 동안 차 안에서 잠을 잘 수도 있고 독서를 할 수도 있어서 직원들에게서 큰 호응을 얻을 수 있습니다. 이런 제도를 실시하는 회사도 늘어나고 있고 그런 차량을 임대해 주는 회사도 늘어나고 있습니다.

4. 공동구매를 주선한다.

직원들의 생필품을 공동구매해 주는 제도입니다. 직원들이 필요로 하는 가전제품이나 컴퓨터를 수십 명의 직원을 대신하여 회사가 구매하면 20~30% 할인을 받을 수가 있습니다. 비록 직접적인 임금 상승은 아니라 하더라도 이런 공동구매는 실질적으로 가계 부담을 덜어주기 때문에 직원들의 충성심과 성취의욕을 높이는 데 큰 영향을 줍니다.

5. 직원교육과 수업료를 지원한다.

큰 회사 같으면 주요 대학교에서 교수를 회사로 초빙해 학사나 석사 학위 과정 강의를 해줄 수 있습니다. 그렇지 않은 경우 회사가 직원들의 수업료를 전액 또는 일부를 지원해 주는 것도 직원들의 성취 의욕 고취에 큰 효과를 볼 수 있습니다.

이외에도 직원들의 충성심을 기르고 성취의욕을 함양하는 프로그램들이 많습니다. 효과에 비하여 비용은 상대적으로 적게 들기 때문에 업체의 대소를 불구하고 이런 프로그램을 실천할 방안을 강구해 보는 것이 좋겠습니다.

해고의 부작용

　미국 제2의 자동차 회사 포드가 일 잘하고 있던 리 아이아코카^{Lee} ^{Iacocca} 사장을 해고했습니다. 그 결과는 어떻게 되었습니까? 아이아코카는 기울어져가던 크라이슬러로 자리를 옮겨서 크라이슬러를 부활시켜 GM과 포드의 강력한 경쟁자로 부상시켰습니다. 지금은 독일의 다임러^{Daimler} 사에 인수됐지만 크라이슬러는 공격적인 경영과 대중의 기호에 맞는 자동차 개발로 두 회사에 두통을 안겨주었습니다.

　미국의 항공사 중에서 가장 수익성이 높고 창사 이래 21년 동안 1년도 빼놓지 않고 이익을 낸 사우스웨스트항공은 데이비드 닐먼이라는 직원을 해고했습니다. 그 결과는 어떻게 되었습니까? 데이비드 닐먼은 젯블루라는 항공사를 창설하여 사우스웨스트보다 더욱 공격적인 경영을 펼쳐서 창사 직후 있었던 9·11 사태에도 불구하고 건전한 이익을 내고 있을 뿐만 아니라, 그때까지 경쟁력에 있어서 앞서가던 사우스웨스트의 가장 강력한 경쟁 회사로 부상하지 않았습니까? 한 직원을 경솔하게 해고했다가 예상치 못했던 큰 경쟁자를 탄생시킨 것입니다.

　캘리포니아에는 한인 은행이 여러 개 있습니다. 모두 건전한 성장을 하고 있으며 지금까지 문을 닫은 은행은 한 개밖에 되지 않습니다. 그런데 여기도 위와 같은 문제가 있었습니다. 한인 은행 중 가장 먼저 설립되었고 규모가 가장 큰 은행이 주요 간부들을 내보냈습니다. 그 결과 어떻게 되었습니까? 퇴출된 행장과 부행장급 인사들이 CEO나 전무로 부임해 간 다른 은행들이 더욱 빨리 성장했고 주가의 상승세도 더욱 빨라졌습니다. 만일 그들을 잘 포용해서 그 은행에 두었으면 아마도 지금쯤은 미국 주류 사회에 도전장을 낼 정도로 성장했을지도 모릅니다.

캘리포니아의 한인 사회어서는 여행사들이 수없이 생겼다가 사라졌습니다. 지금도 여행업계는 사정없는 경쟁에 휘말려 있습니다. 새로 설립되는 여행사는 전부가 기존 여행사에서 해고되었거나 자의로 회사를 그만둔 직원들이 주역으로 강력한 경쟁자가 되었습니다. 제가 잘 모르는 여러 이유가 있겠지만 기존 여행사가 직원들에게 융화와 충성심을 함양하여 그들을 계속 두었더라면 하루살이 같은 여행사의 난립도, 현재와 같은 난투적인 경쟁 상황도 막을 수 있지 않았을까 하는 생각이 들기도 합니다.

직원을 해고할 때에는 그 부작용을 깊이 고려한 후에 부득이 한 경우에만 해고를 해야지 눈앞의 이익만을 위주로 하면 그 손해는 상상을 초월할 것입니다.

직원 교육과 훈련

성장하는 업체의 공통된 특징은 직원을 정기적으로 교육하고 훈련한다는 점입니다. 직원 교육에 투자하는 자원은 30배의 가치를 더하여 회사로 돌아온다는 연구가 있습니다. 그런데 어떤 주제로, 무슨 훈련을 하는 것이 좋을까요? 어떤 사업체를 경영하든지 저는 다음의 4가지 분야를 교육하라고 권합니다. 첫째는 태도와 의식, 둘째는 시간 관리, 셋째는 돈 관리, 그리고 넷째는 대인관계입니다.

좋은 태도와 의식을 갖고 있는 직원들은 본인은 물론 회사를 발전시킵니다. 실력과 특기가 출중해도 태도와 의식이 건전하지 못하면 회사에 해로운 결과를 초래할 수 있습니다. 그러나 특기나 실력은 약간 모자란다고 해도 건전한 태도와 의식을 갖고 있는 직원은 회사와 자기가 필요로 하는 특기나 실력을 반드시 습득합니다. 태도와 의식을 세분화하자면 많습니다만 그중에서 정직, 긍정적 사고와 열성이 가장 중요합니다.

미국에서 직원들의 절도행위와 부정으로 발생되는 기업의 손실은 연간 650억 달러에 이르고 있다는 최근의 통계가 있습니다. 수년 전만 하더라도 직원을 채용하면서 거짓말 탐지기를 사용해서 정직성을 확인하는 기업들이 있었지만, 지금은 그런 행위를 법으로 금지하고 있습니다. 물론 예외는 있습니다. 국가 안보에 관련된 업체나 극약 또는 마약을 취급하는 업체에서는 거짓말 탐지기를 사용할 수 있습니다.

긍정적이고 열성적인 태도는 전염됩니다. 불평하기 좋아하는 부정적인 사람과 어울리면 자기도 불평자가 되는 것처럼 긍정적인 사람들과 어울리면 긍정적인 태도를 기를 수가 있습니다. 긍정적이고 열성적인 태도를 함양하는 방법을 강의하는 전문가들이 있습니다. 그런 전문가들을 초빙하여 적어도 1년에 4번 정도 직원을 훈련하면 회사 전반에 괄목할 만한 진전이 있을 것입니다.

긍정적인 의식은 어렸을 때부터 부모들이 가르치는 것이 가장 효과적입니다. "너는 할 수 있어" "딴 아이들은 몰라도 너는 그런 문제를 꼭 해결하고 말 거야" 등의 격려를 부모들로부터 들으며 자라는 아이들은 긍정적 의식과 자긍심을 튼튼하게 닦을 것입니다.

유명한 피아니스트의 연주하는 모습이나 교향악단의 지휘자를 보면 섬세한 기교보다 그들의 열정이 더 큰 감명을 줍니다. 간부나 직원들도 열정을 갖고 일하지 않으면 감명을 주지 못하고 승진도 하지 못하며 수입도 늘리지 못할 것입니다. 열정은 연습을 필요로 합니다. 언행이나 걷는 자세 자체를 열정적으로 고쳐나가야 합니다. 보폭은 늘리고 발걸음을 빨리하는 연습을 하면 열정적인 태도를 기르는 데에 큰 도움이 될 것입니다.

일을 잘하는 사람들을 잘 살펴보면 시간 관리를 잘합니다. 누구에

사람으로 시작해 사람으로 끝난다

195

게나 하루에 24시간이 주어집니다. 이런 조건하에서 잠자는 시간을 약간 줄이면 일하는 시간이 늘어나는 것은 당연합니다. 유명한 미국의 작가 에드거 앨런 포^{Edgar Allan Poe, 1809~49}는 다음과 같이 말했습니다.

"낮에 꿈을 꾸는 사람은 밤에 꿈을 꾸는 사람들이 볼 수 없는 많은 것을 알게 된다."

조금만 눈을 크게 뜨고 찾아보면 일을 좀더 빠르고 정확하게 하는 방법과 기술을 찾아낼 수 있습니다. 시간 관리에 가장 중요한 도구는 전자수첩이나 일정계획 수첩입니다. 하루의 중요 일정과 과업을 기입해 두고 하나하나 열성을 다하여 실천해 나가면, 보람도 느끼고 귀가하여 하루를 되돌아보면 꽤 좋은 하루를 보냈다는 생각이 들 것입니다.

직원들이 돈 관리를 못하면 아무리 봉급을 많이 올려주어도 생활이 쪼들리게 되며 그런 직원은 직장에서 맡은 임무에 충실하기가 어렵습니다. 가정에서 돈 문제는 부부 싸움의 가장 큰 원인이 되며 부부싸움을 하고 출근한 직원은 당연히 생산성이 저하될 수밖에 없습니다.

대인관계가 좋은 직원은 귀중한 직원입니다. 친분 마케팅 시대에 접어든 현대의 기업 환경은 직원 모두가 마케팅 사명을 강하게 가지길 요구하고 있습니다. 대인관계가 원만하여 신뢰를 주는 친구가 많은 직원은 회사를 홍보하는 일에나 판매를 증진하는 데 커다란 힘이 됩니다. 대인관계에 있어서 가장 중요한 요소는 상호 신뢰겠지요.

이런 신뢰를 구축하는 데는 언행이 매우 중요한 역할을 합니다. 특히 고객을 제일 먼저 대하는 안내원이나 고객서비스 부서의 직원, 마케팅 부서의 직원들에게 대인관계를 향상할 수 있는 훈련은 무척 중요합니다.

이로울 수도 해로울 수도 있는 직장회의

직장에서의 회의는 회사의 발전과 문제의 해결을 위한 이로운 모임이 될 수도 있지만, 잘못하면 많은 직원들의 시간을 낭비하고 회사의 경영에 해를 가져올 수가 있습니다. 회사에 유익한 회의를 진행하려면 다음에 말씀드리는 제안에 주의를 기울여주시기 바랍니다.

1. 회의를 공지나 통지의 수단으로 이용해서는 안 됩니다. 직원들에게 중요 사항을 알리는 일은 이메일이나 게시판을 이용하면 됩니다. 건설적인 목적이 없는 회의는 직원들의 시간을 낭비할 뿐만 아니라 직원들이 수행하는 업무를 중단시킵니다. 회의는 반드시 토의나 문제 해결을 위한 브레인스토밍의 방편으로 사용되어야 합니다.

2. 회의를 소집하려면 시작시간뿐만 아니라 종료시간을 미리 정해놓고 참석을 요하는 모든 직원에게 통지해야 합니다. 직원들은 나름대로의 업무 일정이 있고 고객과의 약속도 있습니다. 토의가 예정보다 일찍 끝나면 회의도 일찍 끝내면 됩니다. 종료시간까지 무리하고 무료하게 끌고 갈 필요는 없습니다.

3. 회의에 참석하는 사람들 중에서 지위가 높은 사람일수록 상석

에 앉지 않는 것이 좋습니다. 높은 분이 참석하면 모든 참석자들이 발언에 어느 정도의 제약을 느낄 수 있기 때문입니다. 높은 분이 일반석에 앉는 것 자체로 모든 참석자들에게 지위에 개의치 말고 자유롭게 의견을 개진하라는 메시지를 주게 됩니다.

4. 회의에서 토의할 사항을 미리 정하여 참석 예정자들과 회의에 관심을 가져야 할 경영 인사들에게 하루나 이틀 전에 배부하는 것이 좋습니다. 토의 주제를 알면 참석자들이 어느 정도 준비를 하고 참석할 것이기 때문에 건설적인 회의가 될 것입니다.

5. 회의장의 테이블에는 간단한 음료나 군것질 거리를 마련해두는 것이 좋습니다. 사람들은 입에 뭔가 들어 있을 때 긴장을 푸는 경향이 있습니다. 그러면 회의 분위기도 부드러워질 것입니다.

6. 회의는 실무 책임자가 사회를 보는 것이 좋습니다. 사회를 보면서 유의할 점은 한두 사람이 시간을 독점하는 경향을 막아야 한다는 점입니다. 어느 회의에서든지 말하기 좋아하는 사람이 있게 마련입니다. 그런 폐단을 막기 위해서 사회자가 발언 시간을 정해주기도 합니다. 중요한 발언을 하기에 주어진 시간이 너무 짧으면 일단 한 바퀴 돌아간 다음에 발언할 시간을 더 요구하게 하면 되는 것입니다.

7. 참석자 중 한사람을 지명하여 회의록을 작성하도록 해야 합니다. 회의록은 지나치게 자세한 기록일 필요가 없습니다. 토의

결과와 실천 사항, 그 책임자 및 데드라인을 기록하면 됩니다. 이런 실천 사항은 그 다음 회의를 시작할 때 제일 먼저 점검해야 합니다. 실천 사항이 포함된 회의록을 고위층을 포함해서 관련된 모든 직원들에게 배부하면 그 일의 책임자는 최선을 다하여 완수하려고 노력할 것입니다.

8. 회의록에는 발언 내용만 기록하고 발언자의 명단은 원칙적으로 기록하지 말아야 합니다. 단 회사 전체에 이익을 가져올 기발한 아이디어를 제안한 발언자는 그의 공을 인정하는 의미에서 이름을 기록하는 것이 좋습니다. 생산성을 높이고 비용을 절약하는 아이디어는 언제 어디에서나 장려해야겠지요.

9. 고위층 참석자는 필요하다고 느낄 때 자리를 뜨는 아량을 보이는 것이 중요합니다. 쿠바의 미사일 위기 당시 백악관에서 회의를 하던 도중 케네디 대통령이 자리를 뜬 사례는 유명합니다. 즉 부하직원들이 아무런 제약 없이 자유롭게 토의하도록 배려한 것입니다.

10. 회의 도중에 고성이나 언쟁은 절대로 용납해서는 안 됩니다. 진지한 토론은 언성을 높이지 않고 얼마든지 할 수가 있습니다.

11. 정기회의라도 토의 사항이 없으면 열지 말아야 합니다. 정기회의는 직원들의 시간을 낭비하는 주범이라고 알려져 있습니다.

회계 부정과 오류를 막는 프로그램

　사업을 경영하는 사람들은 본인들이 직접 회계업무를 수행할 수가 없습니다. 그래서 직원을 채용하고 공인회계사에게 회계업무를 맡깁니다. 그런데 가끔 정직하지 못한 회계처리로 인하여 큰 손실을 보는 사례가 적지 않습니다.

　직원들의 부정행위의 방법도 각양각색입니다. 있지도 않은 유령회사를 만들어서 주문을 주고받는 형식으로 자금을 빼돌리기도 하고, 업주가 신임하여 맡긴 점포의 판매기록을 조작하거나 영수증 없이 상품을 팔아 공금을 착복하기도 합니다.

　엔론Enron이나 월드컴Worldcom 같은 미국의 대기업들도 있지도 않은 이익이나 작은 이익을 천문학적으로 부풀려서 평생 모은 연금을 투자한 수많은 투자자들에게 쓰라린 경험을 안겨주었습니다. 그런 부정을 지시했거나 묵시적으로 허용한 회사의 최고경영진들은 속속 감옥행을 선고받았지만 투자자들은 손실을 회복할 수가 없었습니다.

　이런 분식회계 행위를 방지하거나 사전에 탐지하기 위하여 미국 연방의회는 2002년에 사베인-옥슬리Sarbane-Oxsley법을 제정하여 상장기업들의 부정행위를 단속하도록 했습니다.

　사베인-옥슬리 법이 제정되기 전에도 그런 부정행위를 탐지 내지는 방지할 수 있는 컴퓨터 프로그램을 개발한 회사들이 있었지만, 그런 프로그램을 이용했어야 할 회사들이 별 관심을 갖지 않아서 폐업 위기에 처했었습니다. 예를 들면 리스크 매니지먼트^{Risk Management} 사는 회계부정을 단속할 프로그램을 개발했지만 매출이 부진하여 직원을 절반 이상이나 감원했습니다. 그러나 사베인-옥슬리 법이 통과된 이후 연간 2천만 달러의 매출을 올리고 있는데 이는 법이 제정되기 전보다 1천3백만 달러나 많은 매출입니다.

캘리포니아 주의 프리몬트^{Fremont}에 소재하는 버사^{Virsa}라는 회사는 직원들의 금전출납 부정이나 오류를 탐지하는 프로그램을 개발했는데 사베인-옥슬리 법이 제정되기 전에는 고객이 20개 업체에 불과했으나 지금은 250개로 늘어났다고 〈월스트리트저널〉(*Wall Street Journal*)이 보도했습니다. 뉴욕에 소재하는 오케스트리아^{Orchestria}라는 회사는 직원들이 사용하는 이메일을 분석하여 부정행위를 찾아내는 프로그램을 개발했다고 합니다. 이 프로그램은 부정 주식거래를 탐지하는 전문 프로그램이라고 합니다.

반드시 직원들을 의심해서가 아니라 직원들의 실수나 선의의 오류로 인하여 야기될 수 있는 손실을 방지하기 위해서도 이런 프로그램을 사용하는 것이 좋겠습니다. 기존 감사업무도 중요하지만 인위적인 감사가 완전무결할 수는 없을 것입니다.

직원들의 충성심을 높이는 방법

　직원들의 배반행위나 변절행위로 인하여 적잖이 고통받는 분들이 많습니다. 굳게 신임했던 직원이 고객명단이나 거래처의 정보를 가지고 경쟁사로 옮기는 경우가 허다합니다. 직원이 마음만 먹으면 회사 기밀을 빼가는 일은 쉽습니다. 컴퓨터 키 하나만 누르면 방대한 자료를 자기 집 컴퓨터로 옮겨놓을 수가 있음에 반해 그런 비윤리적인 행위를 막을 기계적인 방법은 없는 실정입니다.

　어느 사업이든지 고객과 거래처의 확보에는 많은 시간과 노력이 듭니다. 그리고 그런 정보는 업체의 가장 중요한 정보 중의 하나입니다. 미국에서는 이런 회사 기밀을 허락 없이 유출하는 행위를 형사처벌의 대상으로 규정하고 있습니다. 경쟁사에서 유리한 입지를 확보하기 위해 고객명단을 협상조건으로 이용하기도 하고 어떨 때는 그런 자료를 가지고 나가 아예 회사를 설립하기도 합니다. 저는 기업인들로부터 직원들의 충성심을 함양하기 위해서 어떻게 해야 되는지 자주 문의를 받습니다. 그래서 인력자원 경영의 전문가들이 공통적으로 추천하는 9가지 방법을 소개해 드리겠습니다.

1. 적절한 보수를 주라.

일자리를 찾아 나서는 직원들은 동종 업종의 보수상황을 잘 알고 있습니다. 실업 상태에서나 이 나라에 갓 입국한 상태에서는 적은 보수에도 일단 취직을 하고 봅니다. 그러나 조금 후에 업무를 파악하고 나면 낮은 보수를 인식하게 되고 더 높은 보수를 위하여 다른 회사로 갈 생각을 하게 됩니다. 회사를 옮길 때 가장 좋은 협상무기가 바로 고객명단입니다. 미국의 직원들은 보수가 만족스럽지 않으면 회사를 옮기기 전에 상사에게 보수를 올려줄 것을 먼저 요청합니다. 타 회사가 제안하는 보수와 대등한 보수를 보장해 주면 옮기지 않습니다. 그런데 한국인 회사의 직원들은 상사와 상의하지도 않고 경쟁사로 가버리는 데에 고용주들의 고민이 있는 것 같습니다. 직원이 보수에 어떤 의견을 갖고 있는지 대화를 통해 자주 파악할 필요가 있습니다.

2. 혜택을 제공하라.

건강보험, 치과보험, 병가 및 휴가 등 보수 외의 혜택을 제공하면 회사를 옮기려는 의욕이 없어지거나 줄어들 것입니다. 비용이 많이 들 것을 염려하는 고용주들이 있겠지만, 이런 혜택은 직원들과 공동부담으로 하면 예측했던 것보다 적습니다.

3. 교육하라.

직원 훈련과 교육에 치중하면 직원들의 생산성도 증가하고 충성심도 함양할 수가 있습니다. 업무 훈련, 영어, 컴퓨터 등이 추천할 만한 훈련 종목입니다. 이런 훈련은 물론 직원들이 자의로 참여해야 겠지만, 참여하지 않는 직원은 자기계발 의욕이 없는 사람으로 간주해도 틀리지 않습니다. 그러므로 훈련 프로그램은 직원들의 충성심을 높일 뿐만 아니라 어느 직원이 다른 회사로 옮길 가능성이 있는지 알아볼 수 있는 방법도 되어줄 것입니다.

4. 앞길을 분명히 보여주라.

일을 잘하면 어떤 직책이나 지위가 기다리고 있는지 분명히 보여주어야 합니다. 상사는 1년에 두 번 정도는 직원과 일대일로 만나 직원이 갖고 있는 목표와 회사가 그 직원에 걸고 있는 기대에 대하여 대화를 나눠야 합니다. "아무리 열심히 일해봤자 지금의 신세를 벗어날 수 없어"라고 한탄하면서 근무하는 직원은 회사에 큰 보탬이 되지 못할 뿐만 아니라 경쟁사에서 약간의 혜택만 제시해도 쉽게 직장을 옮겨버립니다.

5. 근무 성적을 검토하라.

직원은 열심히 일한다고 생각하는데 상사는 그의 근무성적이 마음에 들지 않는 경우가 있습니다. 이런 불일치는 서로 대화로 풀지 않고 오래 두면 안 됩니다. 가장 적절한 방법은 상사가 직원에게 성취 목표를 줄 때 기대하는 결과가 무엇인지 분명히 정해주는 것입니다. 책상에 끈기 있게 앉아 있다고 일을 잘한다고 믿는 시대는 갔습니다. 직원이 소정의 목표를 초과 달성하는 경우에는 그에 수반하는 보상이나 인정을 주면 성취의욕은 더욱 높아질 것입니다.

6. 매월 브레인스토밍을 하라.

팀원들을 한자리에 모아놓고 의견과 아이디어를 거리낌 없이 개진할 기회를 만들어주라는 것입니다. 모든 직원들은 지위에 상관없이 회사를 도울 수 있는 한두 가지 아이디어는 갖고 있게 마련입니다. 자유롭게 그런 아이디어를 표명할 기회가 없어서 입을 다물고 있는 것입니다. 브레인스토밍을 할 때에 상사들은 참석하지 말아야 합니다. 같은 직급에 있는 직원 한 사람을 선택하든지 외부 인사를 초빙하여 진행하게 하면 놀라울 만큼 다양한 건의사항이 나올 것입니다. 그런 건의사항을 문서화해서 채택 여부를 직원들에게 알려주는 체계를 만들면 직원들의 사기와 충성심은 고조될 것입니다. 또 회사에 유익한 건의를 하는 직원에게는 적절한 보상을 해주어야 할 것입니다.

7. 모범적인 행위나 성적을 인정하고 성의를 표하라.

어느 직장에나 모범 직원이 있게 마련입니다. 이런 직원에게는 적절하게 포상하는 것이 좋으나 한두 직원에게만 집중되면 그들을 고립시키는 결과를 초래할 수 있습니다. 그래서 팀 전체를 포상하는 경우가 아니면 공적으로 알리지 말고 포상하는 것이 바람직합니다. 개개인의 직원을 칭찬하거나 포상할 때에 다른 직원들의 질투를 자아내지 않도록 각별한 주의가 필요합니다.

8. 좋은 환경을 제공하라.

작업 환경 자체가 성취의욕을 고취시키지는 않습니다. 그러나 작업 환경이 좋지 않으면 생산성이 저하되며 회사가 직원들을 중요하게 여기지 않는다는 인상을 주기 쉽습니다. 화장실에 한 송이 꽃이라도 걸어놓거나 인생의 지침이 되는 격언을 붙여놓는 일이 사소한 것처럼 보이지만 직원들은 좋은 환경에서 근무한다는 느낌을 가지게 될 것입니다.

9. 일이 신나도록 하라.

신나게 일하는 직원은 성취의욕도 높습니다. 휴식시간이나 점심시간에 이용할 수 있는 탁구대나 당구시설 또는 농구장을 설치해 두거나 회사의 형편이 허락하는 한 다른 오락시설을 갖춰두면 직원들의 충성심을 고취하는 효과가 클 것입니다.

그렇지만 한 가지 절대로 잊어서는 안 되는 점이 있습니다. 아무리 직장에 충성을 한다 해도 가정보다 직장을 더 사랑해서는 안 될 것입니다.

현재의 황당한 상상에
미래의 열쇠가 있다

메이드 인 월드

세계화 현상을 잘 설명한 글이 있어 소개합니다.

영국 황태자비가 이집트인 남자친구와 차를 타고 가다가 프랑스의 한 터널에서 교통사고로 숨졌습니다. 그들이 탄 자동차는 독일제였고 그 차의 엔진은 네덜란드에서 생산되었습니다. 그 차를 운전하던 운전기사는 벨기에인이었는데 스코틀랜드산 위스키를 마시고 만취 상태였습니다. 사고를 당한 다이애나 황태자비를 추적했던 파파라치들은 이탈리아인들이었는데 그들이 타고 온 오토바이는 일본제였습니다. 사고를 당한 다이애나 황태자비를 최후로 치료한 의사는 미국인이었습니다. 그 의사가 사용한 약은 브라질산이었습니다. 제가 이 글을 쓰고 있는 컴퓨터는 대만제 칩과 한국제 모니터를 장착하고 있습니다. 그러나 컴퓨터 자체는 싱가포르에서 조립되었는데 조립공들은 방글라데시에서 온 사람들입니다. 컴퓨터를 수송한 트럭의 운전기사는 인도인이었고 하역한 사람은 이탈리아 시칠리아 ^{Sicillia} 사람이었습니다.

《스타워즈》의 감독은 조지 루카스 ^{George W. Lucas Jr.} 이고 미국인입니다.

이 영화는 극히 일부만이 미국에서 촬영됐습니다. 대부분의 촬영은 제작비용이 저렴한 영국에서 이루어졌고, 튀니지의 사하라 사막과 노르웨이 북단 북극 지역에서도 일부 진행되었습니다. 배우들은 미국인, 영국인, 아일랜드인, 이스라엘인 들이었습니다. 이 영화는 수입의 40%를 미국 밖으로부터 벌었습니다. 그러므로 이 영화가 미국 영화라고 주장하기에는 그 논리가 좀 약하다는 느낌이 듭니다.

포드는 에스코트^{Escort}라는 모델을 유럽에서 생산하면서 부품을 15개국으로부터 조달받고 있습니다. 에스코트는 영국의 헤일우드^{Halewood}나 독일의 잘루이스^{Saaluis}에서 최종 조립하는데, 미국제 부품은 EGR밸브, 차륜넛트 등 중요도가 높지 않은 부품 4종뿐이며 나머지 모든 부품은 스페인, 스위스, 스웨덴, 일본, 이탈리아, 오스트리아, 영국, 벨기에, 덴마크, 캐나다, 노르웨이, 네덜란드, 독일, 프랑스로부터 조달받습니다. 그러니 포드 에스코트가 미국 자동차이겠습니까? 미국 자동차라는 말이 적절치 않다면 어느 나라 자동차이겠습니까?

요즘 경영대학교에서는 제조국 즉 'Made in' 이라는 표기의 의의를 대폭적으로 축소하거나 별 의미를 두지 않는 경향입니다.

제가 학생들을 가르치는 교실에는 컴퓨터가 30대쯤 있습니다. 컴퓨터 수가 학생 수보다 많습니다. 물론 미국 컴퓨터 회사의 로고가 붙어 있습니다. 하지만 자세히 들여다보면 키보드는 말레이시아에서, 모니터와 마우스는 중국에서, 하드디스크는 한국에서 만들어졌다고 적혀 있습니다. 순전한 미국제 부품은 펜티엄이라는 인텔사 제품인 마이크로프로세서뿐인 것 같습니다. 그 제품도 비록 설계는 미국에서 했겠지만 설계 기술자는 외국국적을 갖고 있는 사람들이 많을 겁니다. 그러므로 저와 학생들이 사용하고 있는 컴퓨터가 미국제라고 말하기가 쉽지 않습니다.

소프트웨어 개발도 미국의 회사들이 속속 인도로 하청을 줍니다. 미국 다음으로 소프트웨어를 많이 개발하는 나라는 인도입니다. 모든 통신이 온라인으로 가능한 이 시점에서 지구상의 어느 곳에 있든지 2자 또는 다자간 통신은 상호 간의 거리를 무의미하게 만들었습니다. 실로 우리는 세계화의 시대에 생활하고 있는 것입니다.

한국에서 발간되는 일간신문도 인터넷상으로 한국의 독자들과 시간상으로 조금의 차이도 없이 세계 어느 곳에서나 읽을 수 있습니다. 인터넷상으로 송금도 할 수 있고, 수천 km 떨어진 상대와 법적인 계약을 체결할 수도 있습니다. 미국을 비롯해서 세계 각국의 대학들이 속속 온라인 교육을 실시하고 있습니다. 머지않아 어떤 대학 강의든 세계 어느 곳에서든지 들을 수도 있고 시험도 칠 수가 있게 될 것입니다.

세계화 시대에서 국수주의는 설 자리를 잃어가고 있습니다. WTO 체제 아래 관세를 없애는 방향으로 가닥을 잡아가고 있습니다. 전 세계가 자유무역지대가 될 날이 머지않았음을 느낄 수가 있습니다. 이베이^{EBay}나 아마존 같은 온라인 회사들은 국경을 인식하지 않고 전 세계를 시장으로 삼고 영업을 하고 있습니다. 앞으로 새로운 사업을

하거나 기존 사업을 확장하려는 분들은 시선을 좁은 지역에 국한하
지 말고 세계로 돌리는 자세가 필요합니다.

달러 약세

지금은 달러를 한국돈으로 바꾸면 1달러당 천원도 못 받습니다. 수년 전 1달러가 1300원까지 간 적도 있었습니다. 그러나 1996년 외환 위기 이후 추진한 외화획득정책에 힘입어 40억 달러도 되지 않았던 한국의 외환보유고가 2005년 현재 2천억 달러를 넘었습니다. 기업과 국민이 땀 흘려서 벌어들인 외화인데 그 값이 날로 떨어지고 있으니 중대한 문제입니다. 미국이 나서서 달러 강세를 위한 조치를 취하지 않을 것은 뻔합니다. 달러가 약해지면 미국으로서는 교역상대국에 대한 수출이 증가를 하게 되고 무역적자를 해소하는 데에도 도움이 되기 때문입니다. 그러나 그보다 더 큰 혜택은 달러 시세가 떨어질수록 그 달러가 미국으로 되돌아오는 것입니다.

한때 미국이 대 일본과의 교역에 무역적자가 너무 심하다는 언론의 지적에 노벨 경제학상 수상자 밀튼 프리드먼^{Milton Friedman} 박사는 다음과 같이 말했습니다.

"무역적자가 심하다는 말은 일본이 달러를 많이 갖고 있다는 뜻이다. 그 달러는 거저 가져간 돈이 아니다. 달러를 얻기 위하여 그들은 좋은 상품을 미국에 팔았다. 그들은 우리의 화폐를 갖고 있고 우리들은 일본이 제조한 좋은 물건들을 손에 넣었다. 그러므로 무역적자에 관하여 우리는 걱정할 것이 없다. 걱정을 하게 되는 쪽은 일본이다. 그들이 달러를 축적하면 할수록 일본 내에서 달러의 값은 하락할 것이다. 즉 엔화에 비하여 달러가 많아질수록 달러 값은 하락할 것이다. 달러 값의 하락을 피하려면 과잉 보유한 달러를 미국에 가져와서 미국에서 사용하는 방법밖에 없다. 1달러는 미국에서 언제든지 1달러이기 때문이다."

이것은 그대로 한국에도 적용됩니다. 달러가 원화에 대해 약세를 유지하고 있는 것은 한국이 너무 많은 달러를 보유하고 있기 때문입니다.

한 환자가 의사를 찾아왔습니다. 어디가 불편해서 왔느냐는 의사의 질문에 그 환자는 안 아픈 곳이 없이 다 아프다고 말했습니다. 어디가 어떻게 아픈지 구체적으로 말해달라는 의사의 요청에 그 환자는 자기 무릎에 손가락을 댔습니다. 손가락이 무릎에 닿자마자 "아이고 아파!!" 하고 신음소리를 냈습니다. 그런 후 같은 손가락을 어깨에 댔습니다. "아이고 아파!!" 또 신음소리를 냈습니다. "이거 보세요, 의사 선생님. 아프지 않은 곳이 없다니까요"라고 말하고 이번에는 그 손가락으로 자기 귀를 만졌습니다. "아이고 아파!!" 역시 같은 신음 소리를 냈습니다. 그러자 의사 선생은 그 환자가 한심스럽다는 표정을 지으며 말했습니다. "몸이 아픈 게 아니고 손가락이 부러진 겁니다."

만지는 곳마다 다 아프다는 이 환자와 마찬가지로 달러 약세의 원인은 간단합니다. 한국이 달러를 너구 많이 보유하고 있기 때문입니다. 그러니 많은 외화를 계속해서 보유하고 있는 대신 한국 국민들이 자유롭게 외화를 국외로 반출하여 외국에 투자할 수 있는 길을 열어주는 것이 문제를 제대로 해결하는 길일 것입니다.

중국과 인도를 주시하라

중국 경제가 고속 성장하고 있습니다. 자동차 산업, 석유 산업 및 인프라 구축이 놀라운 속도로 진행되고 있고, 공항도 500개 이상 지어졌습니다. 2008년에는 베이징에서 올림픽을, 2010년에는 상하이에서 세계박람회를 개최할 예정입니다. 이런 발전에 힘입어 지난 30년 동안에 중국의 1인당 국민소득은 3배로 증가했으며 3억 명이 빈곤에서 벗어났습니다. 이대로 가면 2050년에는 중국이 세계 제1의 경제대국이 될 것이라는 전망이 나오기도 했습니다. 그러나 중국은 과도한 인구억제 정책으로 2015년에는 인도에게 최대 인구 국가의 자리를 내줄 것이며, 이는 경제발전에 부정적인 요소로 작용할 것이라는 예측도 있습니다.

인도는 극빈자들이 많은 나라이지만 소프트웨어 기술을 포함해서 고급두뇌 산업이 급성장하고 있습니다. 임금이 낮고 고급인력이 풍부하며 영어권인 이점을 이용하기 위하여 미국의 대기업들이 앞 다투어 인도에 지사를 설립하고 있습니다. 모터롤라, HP, 시스코^{Cisco}, 구글 등이 인도에 기술개발센터를 운영하고 있습니다. 이런 기술개발센터가 자리 잡고 있는 지역은 미국 못지않게 최첨단 시설을 갖추고 있으며 현대 문명이 제공하는 모든 편의시설을 구비하고 있습니다. 인도는 세계적인 기술을 보유하고 있으면서도 물가는 '인도가격'이라는 말이 생겨날 정도로 쌉니다.

지난 10년 동안 중국 경제는 1년에 평균 9.5%, 인도는 6%씩 성장했습니다. 앞으로도 연간 7~8%씩은 성장할 것으로 예측되고 있습니다. 2050년에 이르면 인도와 중국이 전 세계 총생산량의 절반을 차지할 것으로 경제전문가들은 예상하고 있습니다. 현재 이 두 나라 간 거래량은 연간 140억 달러이지만 하드웨어는 중국이, 소프트웨어는 인도가 맡아 상승효과를 낸다면 세계 경제를 지배할 가능성도 있다고 합니다.

미국이 1년에 6만 명의 엔지니어와 과학자를 배출하고 있는 데 반해 이 두 나라는 1년에 50만 명 이상의 엔지니어와 과학자를 배출합니다. 2008년까지 미국에서는 엔지니어와 과학자들이 76만 명 감소하겠지만 인도와 중국은 160만 명 증가할 것이라고 합니다. 휴대폰 사용인구는 중국이 3억 6천만 명으로 현재 세계 1위입니다. 현 추세대로라면 2009년에는 6억 명으로 증가할 것입니다. 광역통신망을 설치한 가구의 수도 2년 후면 미국을 능가할 것입니다. 인도는 중국보다 약 5년 뒤졌지만 휴대폰 사용인구가 2000년에 550만 명이었다가 현재는 5500만 명으로 증가했습니다.

중국과 인도의 급성장을 점칠 수 있는 또 하나 중요한 이유는 청년들이 갖고 있는 미래에 대한 낙관입니다. 중국과 인도의 청년들은 개인과 국가의 성공이 자기 손에 달렸다는 확신을 갖고 있다는 사실이 여론조사에서 밝혀졌습니다. 또 3개월마다 휴대폰을 신형으로 바꾸고 있는 중국의 청년들을 보면 그들이 얼마나 새로운 것과 새로운 시대를 갈망하는지 알 수 있습니다.

이 두 나라에는 아직도 문제가 많습니다. 두 나라 국민총생산량은 세계 총생산량의 6%를 차지하고 있는데, 이는 일본의 반밖에 안되는 수준입니다. 비록 경제개발에 전력을 기울이고는 있지만 세계적으로 인정받는 상품을 내놓지 못하고 있습니다. 대도시를 제외하면 중국 1인당 국민총생산량은 겨우 354달러이며 근로자의 1일 임금은 45센트에 불과합니다. 중국의 고질적인 문제는 오랫동안 전제체제 하에서 지시만 따라온 관습 때문에 창의성이 결여되어 있다는 것입니다. 중국의 수출품 중 57%는 외국기업들이 중국에서 생산한 제품들입니다.

원유를 수입하지 않는 브라질

거대 인구의 중국과 인도의 원유 수입이 증가함에 따라 우리는 고유가 시대에 들어섰습니다. 고유가는 경제 발전의 발목을 잡습니다. 때문에 미국도 정부와 민간 기업이 힘을 합쳐서 에너지 절약에 비상한 노력을 기울이고 있습니다.

이런 노력의 산물이 소위 E85 연료입니다. 이 연료는 에탄올 85%와 휘발유 15%를 혼합한 것으로서 휘발유보다 공해물질을 적게 배출하고 가격도 45%나 저렴합니다. 이미 미국에서는 타우러스, 익스플로러, 스트러스, 서버번^{Suburban} 등 E85로 주행할 수 있도록 제작된 자동차 생산이 500만 대를 돌파했습니다. 미국 에너지부의 예측에 의하면 2030년까지는 미국 내 자동차 중 30%가 E85로 주행하게 될 것이라고 했습니다. 그렇게 되면 탄소 배출이 80% 이상 감소되며 산성비의 주요 원인인 이산화황의 배출은 완전히 없어질 것이라고 합니다.

E85에 사용되는 에탄올은 옥수수에서 추출할 수 있는데 미국에서 생산되는 옥수수의 14%가 에탄올 추출에 사용된다고 합니다. 이외에도 각종 잡초, 나무 껍질이나 톱밥, 옥수수 껍질, 땅콩 껍질 등 농작물 쓰레기로부터도 에탄올을 생산할 수 있다고 합니다. 쓰레기도

줄이고 에너지도 생산할 수 있으니 일거양득이 따로 없습니다.

대당 200달러만 더 들이면 휘발유와 에탄올 양쪽을 다 사용할 수 있는 엔진을 제작할 수 있는데 이런 엔진을 장착한 차를 '플렉스연료$^{Flex\ Fuel}$차'라고 합니다. 미국 자동차 제조사들은 2006년도 1/4분기 내로 이런 엔진을 장착한 자동차를 출시할 예정이라고 합니다. 이런 자동차를 다른 휘발유용 자동차와 구별하기 위하여 연료탱크 뚜껑을 노란색으로 하기로 했다고 합니다. 캘리포니아 주지사 아놀드 슈월체네거$^{Arnold\ A.\ Schwarzenegger}$는 이런 에탄올을 주유소에서 판매할 수 있도록 하는 주민발의안을 준비 중에 있다고 합니다. 현재 미국에는 17만 개의 주유소 중 587개의 주유소에서만 E85 연료를 판매하고 있습니다.

에탄올 사용을 국가적으로 장려해 큰 성공을 거둔 나라가 있습니다. 바로 브라질입니다. 사탕수수 생산국으로 유명한 브라질에는 에탄올 대량생산에 필요한 원료가 풍부합니다. 브라질에서 생산되는 자동차의 73%는 플렉스연료 엔진을 장착하고 있으며, 현재 도로를 주행하고 있는 플렉스연료차가 130만 대에 이른다고 합니다. 그 결과 연간 원유 수입에서 690억 달러를 줄일 수 있었습니다.

브라질의 경우를 거울삼아 한국에서도 에탄올 연료 생산에 치중하는 것이 좋을 듯합니다. 한국도 짚과 겨를 이용하면 에탄올 대량생산이 가능합니다. 그렇게 되면 외화 유출의 주범인 원유 수입을 극감할 수 있을 것입니다.

전기와 휘발유 공용인 하이브리드 자동차도 있지만 하이브리드 자동차는 고속도로에서는 보통 자동차보다 연비가 낮고 배터리를 3, 4년마다 교체를 해야 되는데 최소한 3천 달러의 비용이 소요된다고 하니 차라리 플렉스연료 엔진을 장착한 자동차가 더 경제적일 것 같습니다.

에너지 독립

1990년도 중반에 아시아 여러 나라들의 국민들이 소형차를 선호하여 원유 소비를 일일 평균 150만 배럴이나 줄인 적이 있었습니다. 그때 원유 가격이 배럴당 10달러 선까지 하락한 적이 있었습니다. 지금은 또다시 아시아 각국의 국민들이 중형차나 대형차를 선호하게 되었기 때문에 원유값 하락의 압력을 주지 못하고 있습니다.

미국의 석유회사들은 중동 지역 이외에서 원유를 개발하는 데에 상당한 성공을 거두었습니다. 1993년 중동 지역에서 생산되는 원유는 세계 수요의 38%를 충당했지만 지금은 30%로 떨어졌습니다. 현재 알려져 있는 전 세계 원유보유량은 1조 배럴이라고 하지만, 새로운 원전을 발견해낼 가능성을 감안하면 사실상의 원유보유량은 3조 배럴이 넘는다고 합니다.

미국은 텍사스 주와 루이지애나 주 일대에 5억 9930만 배럴의 비상 원유를 저장해 놓고 있는데 이 원유를 한번도 방출하지 않았습니다. 이는 미국 전체 소비의 6개월분에 해당하는 양입니다. 1991년 걸프전 당시 원유 가격이 폭등하려는 기미가 보이자 이 보유원유를 방출할 것이라는 의사를 표시한 것만으로 원유값은 정상을 회복한 적이 있습니다.

원유값이 상승할 때마다 미국 국민들이 각성을 새롭게 하는 것 같습니다. 유나이티드 테크놀로지^{United Technology}라는 회사는 야간에 컴퓨터를 모두 끄라고 지시하여 연간 10만 달러의 에너지 비용을 절감했습니다. 사용하지 않는 동안 사무실과 화장실의 전등을 자동적으로 꺼지게 하고 냉동실의 문을 더 철저히 절연하는 등의 상식적인 절전을 하여 수백만 달러의 에너지 비용을 절감한 식품회사도 있습니다. 미국 내에서 주행하는 모든 자동차의 평균 연비는 갤런당 24마일(약 39km)입니다. 정부가 좀더 강력히 규제하여 갤런당 40마일(약 65km)에 도달하면 하루 평균 원유 소비량을 200만 배럴씩 절약할 수가 있다고 합니다.

이미 전기와 휘발유를 공용하는 소위 하이브리드 자동차가 시판되고 있습니다. GM, 혼다, 닛산 및 도요타 들은 이런 자동차를 시판하고 있는데 이런 하이브리드 자동차의 평균 연비는 갤런당 45마일(약 72km)입니다. 정부가 갤런당 40마일 이상을 강제하면 자동차 한 대당 1천 달러 내지 2천 달러의 가격 상승이 불가피하지만 휘발유 절약을 생각하면 오히려 더 경제적일 것입니다. 이뿐만이 아닙니다. GM, 도요타, 혼다에서는 수소로 달리는 자동차를 이미 시운전 중입니다. 이런 수소자동차가 상품화되려면 15년은 걸릴 것으로 추산하고 있습니다.

수소 이외에도 대체 에너지의 개발은 과거 어느 때보다 활발하게 진행되고 있습니다. 아이오와^{Iowa} 주의 스피릿-레이크^{Spirit Lake}에서는 풍력발전기로 생산되는 전력만으로 그 도시의 교육구에 속한 모든 학교에 전력을 공급할 수 있습니다. 미국에서 풍력에 의한 전력은 불과 0.5%이지만, 이 분야의 발전은 급성장 중이어서 전체 에너지의 20%를 풍력전력으로 충당하고 있는 북유럽을 머지않아 따라잡을 전망입니다.

현재 풍력발전, 태양에너지 등의 대체 에너지는 총 6%에 지나지 않지만 이 산업에 종사하고 있는 회사들은 전체 에너지의 15%를 대체 에너지로 충당할 것을 목표로 달리고 있다고 합니다.

수소차는 이제 현재다

2005년 디트로이트^{Detroit} 모터쇼에 GM은 시퀄^{Sequel}이라는 SUV를 내놓았습니다. 시퀄은 전 세계가 주목해야 할 자동차입니다. 왜냐하면 수소를 연료로 사용하는 실용 자동차이기 때문입니다. 수소는 물에서 분해되기 때문에 시퀄은 물로 가는 자동차라고 해도 과언이 아닙니다. GM은 전에도 수소로 가는 자동차를 선보인 적이 있습니다. 하이드로젠3^{Hydrogen3}이라는 그 모델은 가속과 연비 등 여러 가지 기술적인 문제로 상용화하기엔 무리가 있었습니다.

하지만 시퀄은 가속성능〔시속 0마일에서 60마일(약 100km)에 이르는 데 9초〕이 일반 승용차와 거의 같습니다. 또 폭발하기 쉬운 수소를 안전하게 싣고 다닐 수 있는 강도 높은(하이드로젠3에 비하여 25%나 높음) 연료탱크 개발에도 성공했습니다. 이런 연료탱크가 견뎌내야 할 탱크 내 압력은 1만 PSI(1평방인치당 파운드)입니다. 그리고 연비도 좋아 한 번 가스를 채우면 300마일(약 500km)을 갈 수가 있습니다. 수소자동차가 아직 상용화 단계에 이른 것은 아닙니다. 하지만 일부 공공기관에서는 이미 수소로 달리는 버스를 이용하고 있습니다. 이번에 시퀄이 보여준 성능으로 미뤄볼 때 수소자동차가 상용화될 날이 그리 멀지 않은 것 같습니다.

  수소자동차가 상용화되려면 생산단가를 휘발유 자동차 정도로 낮춰야 하며 주기소注氣所를 비롯하여 승용차의 주행에 필요한 인프라가 갖춰져야 할 것입니다. 캘리포니아 주 하나만 해도 3천 개의 주기소가 필요하다고 합니다. 그러나 2010년대에 들어서서 수소자동차를 일반이 소유하는 일이 실현될 것이라는 점엔 이견이 거의 없습니다.

  수소자동차는 경제적으로 어떤 파장을 일으킬까요? 우선 원유 수입이 격감할 것입니다. 미국은 원유 수입을 전혀 하지 않을 가능성도 높습니다. 미국 내에서 생산되는 원유만으로도 수요를 충당할 수 있을 테니까요. 이렇게 되면 중동 산유국들의 입지가 좁아질 것이며 그들이 세계에 미치는 힘도 약해질 것입니다.

  현재 일본의 도요타가 전기모터와 휘발유를 공용하는 소위 하이브리드 기술을 소유하고 있기 때문에 하이브리드 자동차를 생산하려면 도요타에게 로열티를 주어야 합니다. 마찬가지로 수소자동차의 개발에 선두를 달리고 있는 GM은 각국에서 쇄도하는 기술 사용허가 요구에 즐거운 비명을 지를 것입니다. 그러므로 대한민국에서도 국책의 일환으로 수소자동차의 개발이나 적어도 관련된 첨단기술을 파악하는 데에 적극성을 보여야 할 것입니다.

  2001년의 연두교서 연설에서 부시 대통령은 이렇게 말했습니다. "지금 태어나는 아이는 수소로 달리는 자동차를 운전할 것입니다." 이 말을 들으니 1957년에 소련이 최초의 인공위성을 쏘아 올렸을 때

케네디 대통령이 했던 말이 떠오르는군요.

"미국은 1960년대가 끝나기 전에 인간을 달에 보낼 것입니다."

날아 다니는 자동차

교통체증을 겪지 않고 먼 거리를 빠른 시간 안에 주파하고 싶은 욕망은 모든 사람이 공통적으로 지니고 있을 것입니다. 그런 문제가 해결될 날이 머지않은 것 같습니다. 어쩌면 제 생전에 그런 시대가 올 가능성마저 있습니다.

지난 수년 동안 미국 항공우주국^{NASA}, 보잉 사 및 여러 신품 개발 브레인들이 날아다니는 자동차 고안에 매달렸고 이제는 제작단계에 이르렀기 때문입니다. '스카이카'^{Skycar} 또는 '플레인모빌'^{Planemobile}이라고 불리는 날아다니는 자동차뿐만 아니라 날아다니는 모터사이클도 개발되고 있습니다. 날아다니는 모터사이클은 '에어스쿠터'^{AirScooter}라는 이름이 붙었습니다. 날아다니는 자동차나 모터사이클을 제작하는 것은 비교적 쉽다고 합니다. 하지만 공중에 수만 대에서 수십만 대에 이르는 비행차들이 각 방향으로 통행하게 된다면 이들 간의 공중 충돌을 방지하는 일은 큰 숙제라고 합니다. 그래서 NASA가 주력하는 부분은 GPS 기술을 이용해 비행차들끼리 충돌하는 것을 방지하는 방법과 체계를 개발하고 구축하는 일이라고 합니다.

에어스쿠터의 발명가인 엘우드 노리스^{Elwood Norris}는 1만 피트(약 3천 m) 상공까지 상승할 수 있는 에어스쿠터가 2006년 말쯤이면 5만 달러 이하로 판매할 수 있을 것으로 기대하고 있습니다. NASA도 비행 자동차를 5년 내에 출현시킬 수 있을 것으로 내다보고 있습니다. NASA는 정부기관이기 때문에 이런 자동차를 직접 시판하지는 않겠지만 그런 기술을 공동 개발하고 있는 보잉 사는 되도록 빠른 시일 내에 비행자동차를 시판하려 할 것입니다.

전문가들의 추산에 따르면 앞으로 25년 이내에 소형 비행차를 일반인들이 사용할 수 있게 된다고 합니다. 소형 비행차 운전자는 가까운 활주로에 가서 이륙할 수 있으며 한 번의 주유로 500마일 (800km)을 갈 수 있을 거라고 합니다. 이륙을 위한 활주거리도 짧기 때문에 금방 이륙하고 쉽게 착륙도 하며 착륙 후에는 자동차처럼 운전해서 목적지에 도착할 수가 있다는 것입니다. 그뿐만이 아닙니다. 지금 개발 중에 있는 또 하나의 비행차는 활주로가 전혀 필요 없는 수직 상승 설계라고 합니다.

스마트 홈

    요즘 스마트 홈^{Smart Home}의 수요가 급속히 늘어나고 있습니다. 디지털 홈^{Digital Home}이라고도 불리는데, 집안 내의 모든 가전제품과 전기, 수도, 가스 등의 상태를 자동적으로 점검하여 직장에 있거나 외출 중인 집주인에게 수시로 보고하기도 하고 전기나 케이블 선을 자동으로 제어할 수도 있는 시스템을 말합니다. 이 시스템은 정해진 시간에 또는 집 안의 온도가 정해진 수준에 이르면 난방을 자동적으로 끄기도 하고 켜기도 할 뿐만 아니라, 집주인이 귀가하기 전에 집 안의 온도도 적당하게 맞춰주고 전등도 켜줍니다. 만일 정전이 되거나 수도 파이프가 터지면 즉시 집주인에게 알려주기도 합니다.

    치솟는 수요에 따라 여러 가지 스마트 홈 장비가 출시되었습니다. 그런 장비들은 라디오 주파수를 이용하는 무선이라서 장착을 위해 집을 개조하거나 거창한 설치를 요하지 않습니다. 편리성과 안전성 이외에도 이런 장치를 설치해 놓은 집은 그렇지 않은 비슷한 집보다 고가여서 매매가 용이하다고 합니다. 물론 기능의 다양성에 따라 그런 장비의 값도 천차만별이겠지만, 적게는 2, 300달러부터 많게는 1만 달러까지 소요된다고 합니다. 그러나 그런 장치가 설치된 집의 값은 시설비의 10배 이상 높아진다고 합니다.

어떤 스마트 홈 장비는 가족들의 음성을 기억하고 있다가 가족이 아닌 목소리가 인식되면 외출 중인 주인에게 즉시로 알려주기도 합니다. 또 주인이 원하는 TV 프로그램이나 라디오에서 나오는 음악 중에 선택기준에 맞는 프로그램이나 곡을 인식하여 알아서 녹화나 녹음을 해놓기도 합니다. 시간에 맞춰서 잔디에 물을 주기도 하고, 주인이 잊어버리고 커튼을 치지 않았으면 실외의 밝기에 따라 쳐주기도 합니다. 주인의 허락 없는 침입의 기척이 있으면 외출 중인 주인에게 연락을 해주기도 하고 긴급시에는 911에 바로 연락해 주기도 합니다. 그뿐만이 아닙니다. 스마트 홈 장비는 인터넷서버의 역할도 해줍니다. 맞벌이 부부가 많아지면서 집 지킴이 역할을 해주는 이런 장치는 안전뿐만 아니라 편리도 제공해 줍니다.

예측컨대 앞으로 5년 내로 이런 장치를 설치해 놓지 않은 집은 구매자를 끌지 못하게 될 것입니다.

우주 왕복항공권

　앞으로 3, 4년 후면 달나라에 관광여행을 갈 수가 있을 것 같습니다. 버지니아^{Virginia} 주의 스페이스 어드벤처^{Space Adventure}라는 회사는 세계 최초 상업 우주비행 전문 여행사로 이미 달까지의 왕복항공권을 예매하고 있습니다. 달까지의 왕복항공권은 1인당 1억 달러(약 1천억 원)이라고 하는데, 이런 항공권을 구매할 수 있는 예비후보자 1천 명을 조사해 놓은 상태라고 합니다.

　이미 데니스 티토^{Dennis Tito}와 마크 셔틀워스^{Mark Shuttleworth}라는 두 명의 민간인이 각각 2천만 달러(약 200억 원)씩 지불하고 국제우주정거장에 다녀온 바 있습니다. 그들이 우주정거장에 다녀온 것은 2001년과 2002년이었습니다. 우주정거장은 지상 230마일(약 370km) 상공에 떠 있습니다. 그러니까 그 항공료가 2천만 달러라면 이는 왕복거리로 계산해서 1마일당 약 4만 3천 달러(약 4천3백만 원)인 셈입니다. 그런데 달까지의 거리는 이보다 약 1천 배 더 머니까 1억 달러(약 1천억 원)를 지불한다고 해도 1마일당 200달러(약 20만 원)가 됩니다. 이 정도면 저렴하지 않습니까? 2005년 10월에 우주정거장을 다녀온 그레고리 올슨^{Gregory Olsen}은 여행에 앞서 자기가 달에 발을 디디는 첫번째 민간인이 되고 싶다는 의사를 밝혔습니다. "달나라에 가고 싶지 않은 사람이 있겠습니까?"

미국 정부는 민간 우주산업을 적극 장려하며, 그 일환으로 'X 상여금' 제도를 실시하고 있습니다. X 상여금은 가장 작고 효율적인 우주선을 설계하고 제작하는 민간 업체를 선정하여 상금을 주는 제도인데, 매년 참여 회사가 늘고 있다고 합니다. 무착륙 세계일주에 성공한 항공기를 동생과 함께 설계해 유명한 버트 루탄^{Burt Rutan}도 물론 여기에 끼었습니다.

스페이스 어드벤처는 달나라 관광여행계획을 발표하면서 그 여행이 2008년 내지 2010년 사이에 이루어질 것이라고 예측했습니다. 그런데 그 전에 풀어야 할 과제가 있습니다. 이 회사가 달나라 여행에 사용할 우주선은 러시아가 제작한 소유즈^{Soyuz}라는 점입니다. 비록 최초의 우주선을 발사한 것은 러시아지만 지금까지 한번도 달에 사람을 보낸 적이 없었습니다. 그런 우주선을 타고 달에 가기 위해서 1억 달러를 주면서까지 생명의 위험을 감수할 수가 있을지 의심스럽다는 것이 전문가들의 우려입니다.

X 상여금 경쟁에 가담한 회사들 중에서 캘리포니아 주 파우워이^{Poway}에 있는 스페이스디브^{SpaceDev}라는 회사는 이미 6인승 우주선을 개발하여 NASA의 모의실험까지 성공적으로 마친 상태입니다만 자격이 되지 않는다고 합니다. 왜냐하면 X 상여금은 순수 민간 기업만을 대상으로 하는데 스페이스디브는 러시아 정부가 개발한 우주선을 이용하려 해 정부기관이 관련되어 있기 때문입니다.

  민간인들의 달 여행 경쟁이 치열하기 때문에 달 여행의 상용화도 실현될 날이 머지않았습니다. 처음에는 달까지 왕복항공료가 1억 달러겠지만 2015년 이후에는 지금의 1등석 항공료 정도의 수준으로 떨어질 것이라고 전문가들은 내다보고 있습니다. 살아 있는 동안에 달나라의 관광여행의 붐이 이뤄지는 것을 볼 수 있을 것 같아서 직접 가지 못하더라도 어쩐지 마음이 설렙니다.

  미국 정부만 우주산업을 장려하고 있는 것은 아닙니다. 영국과 캐나다도 이미 적극적인 관심을 표명했고 중국도 우주산업에 주력을 기울이겠다는 결의를 보였습니다. 앞으로 우주산업의 경쟁과 첨단 기술의 발전과 전개가 어떠한 형태로 진행될지 자못 흥미롭습니다.

세계 대도시의 미래

앞으로 20년 후에 살기 좋고 투자 가치도 높은 대도시를 꼽으라고 하면 어떤 도시를 꼽겠습니까? 미래학자들이 내놓은 세계 대도시들의 전망을 말씀드리겠습니다. 유감스럽게도 20년 후 번영할 대도시에 서울은 끼지 못했습니다.

500년 전만 하더라도 세계에서 가장 부유하고 규모가 큰 대도시들은 모두 중국에 소재했습니다. 베이징, 난징南京, 상하이 등은 서양의 각국이 감히 경쟁할 수 없는 대도시였습니다. 중국뿐만 아니라 한국과 일본에서도 과거 500년 동안 서울이나 도쿄 같은 대도시에 꾸준히 인구가 유입되었습니다. 이로 인해 대도시들은 그 규모가 더욱 커졌습니다. 하지만 주로 제조업이 대도시에 자리를 잡았고 이로 인해 도시 전체가 더러워졌으며 관리들의 부패도 심화되었습니다. 상하이에 오랫동안 거주했던 한 외국인 선교사는 이렇게 말했습니다. "상하이가 이 상태로 존속한다면 하나님은 소돔과 고모라에 사과해야 할 것이다."

아시아 여러 도시들이 환경적, 사회적 부패로 인해 본래의 매력을 잃어가는 동안 서구 각국의 대도시들은 꾸준히 성장해 그후 500년 동안 세계 일류로 군림하게 되었습니다. 런던, 뉴욕, 파리 등이 그

현재의 황당한 상상에 미래의 열쇠가 있다 ……

좋은 예라고 하겠습니다.

아시아의 대도시들도 도시계획이란 개념 없이 이뤄왔던 성장을 탈피해 지난 3, 40년 동안에 그 모습을 쇄신하는 데 노력을 기울여왔습니다. 베이징을 제외하고는 도쿄, 서울, 싱가포르, 홍콩 등의 대도시는 보기 좋은 새 건물들이 들어섰고 조경도 잘 정비하여 서구의 대도시보다 더욱 깨끗하고 활력 있는 도시로 변모하는 데 성공했습니다. 인구 유입도 끊이지 않고 이루어져 규모도 더욱 커졌습니다. 오늘날 세계에서 가장 높은 건물 10개 중 8개가 아시아에 소재합니다.

아시아의 대도시들이 매년 활기를 더해가는 이유는 생산력을 지닌 젊은이들이 유입되고 있기 때문입니다. 시민들의 생활이 윤택해지며 육체 근로자보다 두뇌 근로자가 더 많아짐에 따라 아시아 도시들은 서구에 비하여 활기 있고 살기 좋은 도시가 되었습니다. 현재 전 세계의 인구 중 50% 이상이 아시아의 도시에 살고 있습니다. 앞으로 20년간 아시아의 도시들은 도시의 삶이 주는 혜택을 누리게 될 것입니다. 그러나 그 번영 속에서 문제가 드러나기 시작했습니다.

이제 대도시로 이주할 만한 젊은이들은 이미 다 이주했습니다. 시골에는 젊은이들이 거의 없습니다. 시골의 고령화야말로 지금 우리가 풀어야 할 난제입니다. 새로운 젊은 세대의 유입이 끊기게 되면 도쿄나 서울 같은 대도시도 활기를 잃을 것이며, 그렇게 되면 지금까지 보여준 성장도 기대하기 어렵게 된다는 것이 미래학자들의 견해입니다.

여기에 또 하나의 문제점으로 대두되고 있는 것이 출산 기피 또는 억제 현상입니다. 한국의 출산율은 이미 OECD 국가 중 최하위권에 있습니다. 이제 서울 같은 대도시는 성장을 이어갈 세력을 어디에서 찾아야 할까요?

낮은 출산율만큼 심각한 문제로 거론되는 것이 바로 삶의 질을 높여주는 여유 공간의 고갈입니다. 이런 문제 때문에 도쿄, 서울, 싱가포르, 베이징, 상하이 같은 대도시들이 20년 후에는 지금과 같은 매력을 잃을 것이라고 미래학자들은 전망합니다.

그렇다면 이 모든 문제점들이 해결되어 20년 후에 살기도 좋고 활발히 성장도 할 도시는 어디일까요? 미래학자들은 시드니, 휴스턴, 로스앤젤레스 등을 꼽았습니다.

재택근무의 효율성

인터넷이 발달된 지금 미국에서는 직장인들 중 20%가 출근하지 않고 집에서 일합니다. 2004년에는 4천4백만 명이었고, 1990년에는 3천4백만 명이었습니다. 즉 14년 동안에 천만 명이나 증가한 것입니다. 재택근무하는 직장인들 중 2410만 명은 정규직원이고 2030만 명은 자영업자들입니다. 많은 회사들이 속속 재택근무제를 실시하고 있는데 IBM은 이 제도를 실시한 후 건물임대료만 3억 달러를 절약했다고 합니다.

직원들의 결근으로 입은 회사의 손실이 2000년에는 직원당 610달러, 2001년에는 755달러였다고 합니다. 재택근무는 결근으로 인한 이러한 손실을 막을 수 있을 것입니다.

미국의 직장인들 중 10%가 1주일에 하루만 집에서 일해도 2440만 마일의 주행거리를 절약하고 1만 2963톤의 대기오염을 감소할 수 있다고 합니다. 그뿐 아니라 120만 갤런의 휘발유를 절약할 수 있습니다. 재택근무를 기피하는 가장 큰 이유는 출근하는 직원들보다 승진기회가 적을 것이라는 선입견이라고 하는데 한 연구조사에 의하면 오히려 재택근무 직원들의 승진이 빠르다고 합니다.

물론 모든 직종이 재택근무에 적당한 것은 아닙니다. 프로그래머,

재정업무 책임자, 강력계 형사, 보험회사 직원 들이 재택근무에 제일 적당한 업종입니다. 사실 출근할 필요가 없는 직장인들이 모두 재택근무를 한다면 미국은 단 한방울의 원유도 수입할 필요가 없어진다는 연구결과도 있었습니다.

재택근무의 이점에 관해서는 많은 연구결과가 있는데, 모두 생산성은 높아지고 성취의욕도 증가하며 스트레스도 극감한다는 것을 보여줍니다. 이런 재택근무를 효과적으로 관리할 소프트웨어도 개발되어 있고 이런 제도를 관리하는 용역회사도 출범했다고 합니다. 얼마 전에 한국의 한 일간지 독자 오피니언 란에 다음과 같은 글이 실렸습니다.

"맞벌이 부부로 6살 딸아이를 두고 있는 가정이다. 8시에 출근하라는 총리님의 발언으로 걱정이 태산이다.…유치원이나 어린이집에 보내는 비용도 만만치 않지만 아침 8시부터 아이들을 받아주지도 않는다.…어떤 정책을 펼 때에는 그에 따르는 부작용 등을 잘 고려해서 실질적으로 조직의 생산성을 최대한 높이는 쪽으로 택해야 한다고 본다. 8시 출근지시를 재고해 주시기를 바란다."

재택근무제도를 실시하면 이런 주부직원의 고민도 없어질 것입니다. 비록 재택근무를 실시하지 않더라도 모두 같은 시간에 출근하는 제도만은 고쳐져야 할 것입니다.

지식은 힘이다

이 말이 더 적절하게 느껴진 시대가 이전에는 없었습니다. 손발만으로도 할 수 있는 일은 중국이나 동남아 또는 중남미로 속속 옮겨가고 있습니다. 그에 반해 지식이나 기술을 요하는 일은 점점 증가하고 있고 그런 일자리를 채울 고급인력은 부족한 상태입니다. 미국은 일레인 차오^{Elain Chao} 노동부 장관이 이에 대한 대책 마련이 시급함을 공표하고 나섰습니다.

고급인력의 부족은 괄목할 만한 현상을 초래했습니다. 1946년에서 1964년 사이에 태어난 베이비부머^{baby boomer} 직장인들이 곧 퇴직연령에 도달하기 시작합니다. 그런데 그들을 고용하고 있는 회사에서는 퇴직연금을 주고도 완전히 퇴사하지 말고 시간제로 계속 일해주기를 요청하고 있습니다. 사실 미국에서는 62세 이상 되는 고령자들 중에서 약 60%가 계속 일을 하고 있습니다.

퇴직을 연기하는 직장인들도 증가하고 있습니다. 현 제도하에서 62세에 퇴직하면 연평균 8천5백 달러의 연금을 받지만, 70세에 퇴직하면 1만 6천 달러로 연금 수령액이 증가합니다. 또한 설문조사 결과를 보면 베이비부머들은 퇴직하더라도 완전히 퇴직할 생각이 없고 새롭게 창업을 해서라도 계속 일하겠다고 응답한 사람이 56%라고 합니다.

　고급기술을 요하는 일도 다른 나라로 이동하는 경향이 있습니다. 컴퓨터 소프트웨어 개발은 미국 다음으로 인도가 주도하고 있습니다. 인구 비례 컴퓨터 사용자가 세계에서 제일 많은 나라는 한국이지만, 소프트웨어 개발 수주에 있어서는 인도가 한국을 앞지르고 있습니다. 한국이 더욱 신경을 써야 할 부분은 그런 소프트웨어 개발 사업이 중국과 러시아로 이전되고 있는 현상입니다.

　생산과정의 자동화도 고급인력이 절실히 필요한 분야입니다. 간단한 양말 공장만 하더라도 극도로 자동화되어 있습니다. 자동차 수리도 마찬가지입니다. 지동차의 기능만 해도 브레이크, 엔진과 변속기, 배기장치 등이 모두 전산화되어 있습니다. 따라서 컴퓨터를 배우지 않으면 자동차 정비사도 될 수 없는 시대가 온 것입니다.

　고급인력을 확보하기 위해서 유나이티드 테크놀로지 같은 회사는 직원들이 대학교육을 받겠다고 하면 1주에 3시간을 유급교육 시간으로 주고 학위를 받고 졸업하게 되면 1인당 1만 달러의 포상금을 주는데, 이런 혜택을 받고 있는 직원이 1만 6천 명이나 된다고 합니다.

　이제는 배워야 살아남습니다. 즈먹구구식의 구매나 생산정책으로 성공을 기대할 수 있는 시대는 가버렸습니다. 저녁이나 주말 시간을 이용해서라도 지식과 기술 연마에 한층 노력하시기를 바랍니다.

인구의 고령화와 인력 부족

인구의 고령화는 전 세계적인 현상입니다. 고령화 자체가 문제라고 할 수는 없지만, 출산율 극감은 노동인력 확보와 직결되는 문제이기 때문에 각국이 고심하고 있습니다. 만 65세 이상의 인구가 이미 전체 인구의 20%에 이르는 국가들이 있습니다. 2006년에 일본과 이탈리아가 제일 먼저 이 상태에 도달하게 됩니다. 일본은 그렇다고 하더라도 가톨릭교인이 대부분인 이탈리아는 의외입니다. UN의 통계에 따르면 독일은 2009년, 프랑스는 2018년, 중국과 미국은 2036년에 65세 이상 인구비율이 20%를 넘게 됩니다.

그에 반해 일본의 출산율은 가임여성 1명당 1.28명인데 한국은 이보다도 더 낮아서 1.19명라고 합니다. 미국은 2.04명이라고 하니 인력을 겨우 충당하고 있다고 볼 수 있습니다. 미국의 출산율이 다른 선진국에 비하여 높기도 하지만 이민을 많이 받아들이고 있기 때문이기도 합니다.

인력난을 해결하기 위하여 일본의 여러 업체에서는 이미 퇴직한 고령자들을 다시 채용하고 있는 추세라고 합니다. 임금은 젊은 사람들의 반만 주어도 불평도 없이 즐겁게 열심히 일하는 고령자들로 인하여 회사들이 큰 득을 보고 있다고 〈월스트리트저널〉이 보도했습니다.

　일본에서는 60세에서 64세까지의 고령자 71%가 직업을 갖고 있다고 합니다. 미국에서는 57%, 프랑스에서는 17%만이 일을 하고 있다고 합니다. 그래서 일본을 위시하여 여러 국가들이 퇴직연령을 65세 또는 70세로 높이려는 움직임을 보이고 있습니다. 일본의 게이오 대학교慶應義塾大學校의 연구에 의하면 일본의 20대 근로자 수는 앞으로 10년 동안 320만 명이나 줄어드는 반면 고령인구는 200만 명 증가할 것이라고 합니다.

　미국에서도 맥도널드와 월마트 등의 회사에서 고령자들을 채용해 좋은 실적을 올리고 있습니다. 자녀들에게 부담이 되고 싶은 사람은 없을 것입니다. 충분히 준비하지 않고 퇴직한 사람이나 충분한 고려 없이 재산을 다 자녀들에게 물려준 사람들 중에는 자녀들의 눈치를 보며 살게 된 입장을 한탄하는 경우가 많습니다. 이런 사람들에게는 다행으로 퇴직자들을 재고용하는 회사들이 늘 것입니다.

　새로운 지식을 습득하면 직업전선에 다시 발을 들여놓을 기회가 많아지는 것은 물론 수입도 늘 것입니다. 미국에서는 이런 분들을 돕기 위해 여러 자치단체와 초급대학에서 무료나 무료에 다름없는 낮은 수강료를 내고 배울 수 있는 기술 강좌를 많이 열고 있습니다. 컴퓨터를 비롯하여 자동차 수리와 정비 또는 부동산 중개인 시험 준비 등이 그 대표적인 예입니다.

　일상생활이 무료하게 느껴지거나 독립된 생활을 영위하고자 하는

퇴직자들은 기존의 기술을 더욱 연마하거나 신기술을 습득하여 좀
더 보람을 느낄 수 있는 직업전선에 나설 준비를 하는 것이 좋겠습
니다.

미국에서 가장 인기 있는 직업

CNN방송국이 인력 스카웃 전문가들을 상대로 조사한 바에 의하면 다음의 직종이 가장 수요가 많을 것으로 기대된다고 합니다.

1. 감사를 전문으로 하는 회계사
2. 의료 장비 판매·마케팅 전문가
3. 변리사
4. 네트워크 개발 기술자
5. 생산과정 개발·분석을 전문으로 하는 생산 기술자

엔론 등의 분식회계가 사법의 도마 위에 올랐고, 그로 인하여 2002년 연방의회를 통과한 사베인-옥슬리 법이 시행되면서 감사 전문 회계사의 수요가 급증했다고 합니다. 특히 감사를 전문으로 하는 공인회계사 법인에서 경험을 쌓았거나 일반 회사에서 감사를 한 경험이 있는 회계사는 그 공급이 수요를 따라가지 못한다고 합니다. 공인회계사 자격이 없더라도 감사 경험이 있고 대학을 졸업한 회계사는 보통 3만 5천에서 4만 5천 달러의 연봉을 받을 수 있고, 뉴욕 같은 대도시에서는 5만 달러 이상의 연봉을 받을 수 있다고 합니다.

2년 이상의 감사 경력을 가진 회계사가 대기업의 감사 담당 회계사나 작은 회사의 회계 책임자로 갈 때는 5만 달러에서 7만 5천 달러의 연봉을 받을 수 있다고 합니다. 여기엔 가까운 장래에 공인회계사 자격을 획득한다는 조건이 붙습니다. 일반 기업에서 2, 3년의 감사 경력이 있는 공인회계사가 공인회계사 법인의 감사회계사로 갈 경우는 7만에서 8만 5천 달러의 연봉을 받을 수 있다고 합니다.

의학 기구나 장비를 판매하는 경력이 있거나 그런 장비 시장을 개척할 수 있는 전문가도 부족하다고 합니다. 이 분야에서는 MBA 학위를 소지한 사람이 무척 유리합니다. 의학 장비의 마케팅 담당 보조 정도도 5만 5천에서 7만 5천 달러의 연봉을 받을 수 있다고 합니다. 마케팅 책임자에 적합한 자격을 갖춘다면 7만 5천에서 9만 5천을, 장비의 개발·계획·생산 책임자가 되면 연봉은 12만에서 16만 달러가 보장된다고 합니다. 이런 전문능력을 갖추고 부사장급의 지위에 오르게 되면 연봉은 15만에서 20만 달러에 이른다고 합니다.

변리사도 공급이 부족한 직종 중 하나입니다. 변리사는 특허를 신청하는 업무뿐만 아니라 회사 소유의 특허권을 보호하는 업무도 수행해야 합니다. 전자공학, 기계공학, 화학공학 또는 생명공학 등의 학사나 석사 학위를 소유하고 있는 변리사는 13만 5천에서 14만 5천의 초임 연봉을 받을 수 있다고 합니다. 변리사뿐만 아니라 특허출원 서류를 작성하는 비서 경력이 있는 사람도 법률회사에서는 6만 6천 달러, 기업에서는 5만 5천 달러를 받을 수 있고 회사를 옮길 때에는 10% 정도를 올려 받을 수 있다고 합니다.

네트워크 개발 기술자도 부족하다고 합니다. 마이크로소프트에서 프로그램 언어를 사용하여 네트워크를 개발할 수 있는 기술자는 주요 도시에 있는 기업에서 연봉으로 7만 5천에서 8만 5천 달러를 받을 수 있다고 합니다. 소프트웨어의 품질관리 매니저가 되면 연봉 7만 5천에서 8만 5천 달러를 받을 수 있고, 회사를 옮기면서 10%를 올려 받을 수 있다는 것입니다.

생산 전문 기술자도 부족 상태라고 합니다. 특히 생산과정을 비디오로 찍어서 분석하고 효율성을 향상하는 기술을 린 매뉴팩처링^{Lean} ^{Manufacturing}이라고 하는데 이런 기술을 보유하고 있는 사람은 6만 5천에서 7만 5천 달러의 연봉을 받을 수 있고 이런 기술을 보유하고 공장장의 자리에 오르게 되면 9만에서 12만 달러의 연봉을 받을 수 있다고 합니다.

물론 개인에 따라 다를 수 있겠지만, 이상 5가지 분야는 오늘날 공급이 수요를 따르지 못하는 직종이라고 합니다.

한국인의 사업관습

　한 인터넷 기사가 눈에 들어왔습니다. '한국인의 사업 관습' 이라는 기사였는데 쓴 사람은 한국인이 아니었습니다. 얼마나 정확한 관찰인지 평가해 보시기 바랍니다.

　서울은 매우 현대화되어 있는 도시이며 현대화는 지금도 계속되고 있습니다. 별 다섯 개 호텔도 많고 깨끗하고 효율적인 지하철을 비롯하여 대중교통은 최고 수준입니다. 레스토랑도 많고 한국인들의 옷차림도 거의 서양인들과 다를 바 없습니다. 이렇게 겉으로 보기에 극히 서양화된 것 같지만 한국인들은 여전히 전통을 지키는 국민이며 비록 처음 만나는 외국인이라고 할지라도 "감사합니다"나 "안녕하세요" 같은 기본적인 인사를 한국어로 할줄 아는 것을 높이 평가합니다.

　한 세기 전만 하더라도 가정의 수입원은 아버지였고 어머니는 가정에서 자녀들의 영육에 전념했지만 지금은 많이 달라졌습니다. 맞벌이하는 부부가 급증했습니다. 집안 어른들을 존경하는 관습은 크게 달라지지 않았고 부모님이나 조부모님을 모시고 사는 젊은 부부도 많습니다. 아직도 가정의 주수입원은 아버지이고 월급봉투를 어머니에게 통째로 주는 관습도 변하지 않았습니다. 한국에서 상품의 광고나 홍보를 하려면 여자들이 돈을 관리하고 있음을 염두에 두어야 합니다.

여권은 분명히 신장했지만 최고경영진이나 지도급 지위에 오른 여성은 극히 적습니다. 대학을 졸업한 여성들은 주로 비서직, 회계사 또는 교사로 일합니다. 한국 여성들은 남녀평등을 중시한다고 알려진 외국 회사에서 일하는 것을 선호합니다.

연세가 드신 어른들을 공경하는 관습은 예나 지금이나 달라지지 않았습니다. 그래서 한국에서 사업하려면 어른들에게 쓰는 존댓말을 알아야 합니다. 상대방의 나이에 따라 말의 끝맺음이 다르다는 사실을 잘 알아야 합니다.

한국의 업계에서는 아직도 남성이 여성보다 존경을 받지만, 한국인들은 사업적으로 상대하는 외국 여성들 특히 그 여성이 한국인처럼 생기지 않았으면 남성과 똑같은 존경으로 대해줍니다. 한국에서 사업을 하고 있는 미국인들은 성별이나 나이에 상관없이 정중한 대접을 받습니다.

한국의 사업관습 중 외국인들이 알아야 할 또 하나의 관습은 술을 마심으로써 친밀한 관계를 맺게 된다는 것입니다. 한국에서는 소주라고 하는 독한 술이 있는데, 그런 소주나 위스키 또는 맥주를 함께 마시면서 친분을 돈독히 하는 관습이 있음을 알아야 합니다. 같이 술만 마시는 것이 아니고, 어느 정도 취기가 돌면 노래방이라는 곳에

가서 마이크를 잡고 노래를 부르는데, 노래방 기계에는 서양 노래도 다 갖춰져 있습니다. 한국에서 사업을 하려면 최소한 한곡 정도는 잘 부를 수 있도록 연습을 해두는 것이 사교에 좋습니다.

한국에서 사업을 하려면 한국인들이 일본인들에 대해 갖고 있는 감정의 뉘앙스를 잘 알아야 합니다. 한국인들은 일본인들의 유능한 사업 수완을 존경하지만, 한국인에 비하여 일본인들을 높게 평가하는 언급을 하면 거래를 망칠 수 있습니다. 한국인들은 애국심이 매우 강합니다. 상대 한국인이 한국을 비판한다고 해서 거기에 동조하면 그 관계는 손상을 입을 수도 있습니다.

한국인들에게는 학연과 지연의 영향이 강합니다. 동창생이나 고향친구의 소개 없이 처음 만나는 한국인과는 친해지기 어렵습니다. 또 한국에서 사업을 하려면 명함을 양국어로 인쇄해야 하며 명함 없이 사업을 한다는 것은 거의 불가능합니다. 명함을 건넬 때 한 손이나 왼손으로 주는 일이 없도록 조심해야 합니다.

합의서를 작성할 때 서양인들은 구체적이고 상세하게 작성하려 하지만 한국인들은 주요사항만을 서면화하고 나머지는 상호 신뢰와 친분 관계로 해결하려 합니다.

한국인들의 이름은 대부분 성을 합쳐서 석자로 되어 있습니다. 그들을 부를 때 성명 석자를 다 불러줘야 한다는 것을 잊지 말아야 합니다.

취직과 창업

요즘 한국에서는 다음과 같은 이야기가 유행하고 있다고 합니다.

20대가 취직을 하면 가문의 영광.

30대가 직장에 다니면 동네 잔치할 일.

4, 50대가 아직 퇴직 안 했으면 국가적 경사.

60대가 아직 은퇴를 안했으면 세계 8대 불가사의.

한국에서 여전히 사업을 하고 있으면 21세기판 한강의 기적.

극심한 취직난을 풍자하는 우스갯소리이겠지요. 그러나 일자리가 귀해진 것은 반드시 정부의 탓만은 아니라고 봅니다. 말단 공무원 시험에 수백 대 1의 경쟁률을 보이고 대기업 입사시험에는 백 단위의 경쟁률을 보이지만, 중소기업은 아직도 구인이 어려운 경우가 허다하다고 합니다. 한국과 일본은 대학교를 졸업한 사람들이 공무원이 되는 것과 대기업에 입사하는 것을 지상 목표로 삼기 때문에 이런 현상이 나타나는 것이겠지요.

미국에 이민을 온 한국인들은 취직보다는 되도록 빨리 자기 사업을 가지려고 합니다. 연방정부의 소규모기업청 조사에 따르면 소규모기업융자 즉 SBA Loan을 가장 많이 이용하는 인종은 한국인들이라고 나와 있습니다. 1980년대 이후 미국으로 밀려온 한국인들은 극히 한정된 자본을 이용하여 자영업을 시작했고 뉴욕이나 로스앤젤레스 일대에서 백만장자, 억만장자가 된 사람도 많습니다.

미국의 기업 형태를 자세히 들여다봅시다. 전체의 98%는 직원수가 100명 이하입니다. 1400만 명 미국인들은 직원을 한 명도 두지 않고 사업을 하고 있습니다. 1천7백만 개의 소규모 기업체가 미국 내에 있는데 그중 3분의 1은 여성이 소유하고 경영합니다. 100명 이하의 직원을 두고 있는 소규모 기업체 중 4%는 중남미계, 3.6%는 흑인계 그리고 3.5%는 아시아계가 소유하고 있습니다. 전체 사업자의 반수가 사무실을 두지 않고 집에서 사업을 하고 있는데, 이 수치는 매년 증가하고 있습니다.

미국에서 지난 10년 동안 새 일자리의 약 80%는 이런 소규모 기업이 창출했습니다. 경기가 악화될수록 소규모 기업체는 일자리 창출의 주역을 맡습니다. 소규모 업체들이 전국 경제에 기여하는 부분은 또 있습니다. 이들은 나이 든 직원들에게 일자리를 줍니다. 은퇴를 한 60대, 70대의 직원들을 채용하여 생산성도 올리고 노인들이 사회에 끼치는 경제적 부담도 덜어줍니다.

미국인들은 공무원이 되는 것을 선호하지 않습니다. 연방정부나 주정부 기관에 가보면 주로 흑인들이 일하고 있는 것을 볼 수 있습니다. 주류인 백인들이나 대학을 나온 사람들은 소규모 기업에 취업하거나 창업을 합니다.

　일자리를 구하는 사람들이 손쉽게 창업하려면 미국의 소규모기업
청처럼 정부의 보증하에 융자를 쉽게 얻을 수 있는 제도가 강력하게
추진되어야 할 것입니다. 창업하여 성공하는 사례가 많아지면 능력
있는 사람들이 앞 다투어 창업할 것입니다. 그러면 공무원이나 대기
업에 입사하려는 열의도 식을 것입니다.